高水平中职学校创新创业建设专项项目

新时代新理念创新创业教材

创新创业教育基础与实战技巧

主　编　徐晓松　刘毅伦

副主编　金　雷　杨穆新　梁玉柱

北京交通大学出版社

·北京·

内 容 简 介

本书比较系统地介绍了创新创业的基本理论知识和基本技能方法，同时结合大量的实际案例和容易操作的实践训练，力求让学生掌握概念、训练内容、解决问题，最后实现以创新创业思维提高实际就业水平的目标。

本书分为创新篇和创业篇，包括 6 个模块 18 个主题。每个主题除了理论内容，还设计有热身活动、随堂训练、案例分享、拓展活动、思考与讨论等栏目，便于课堂上师生互动。

本书在编写过程中吸收了近年来职业院校开设创新创业指导课程的教学经验，注重实用性、趣味性，比较贴合职业院校学生的学习实际和学习特点，可以作为职业院校相关课程的教材或教学参考书使用。

图书在版编目（CIP）数据

创新创业教育基础与实战技巧 / 徐晓松，刘毅伦主编；金雷，杨穆新，梁玉柱副主编. —北京：北京交通大学出版社，2024.4
高水平中职学校创新创业建设专项项目、新时代新理念创新创业教材
ISBN 978-7-5121-5222-9

Ⅰ. ① 创… Ⅱ. ① 徐… ② 刘… ③ 金… ④ 杨… ⑤ 梁… Ⅲ. ① 创造教育 – 中等专业学校 – 教材 Ⅳ. ① G718.3

中国国家版本馆 CIP 数据核字（2024）第 084142 号

创新创业教育基础与实战技巧
CHUANGXIN CHUANGYE JIAOYU JICHU YU SHIZHAN JIQIAO

责任编辑：陈跃琴

出版发行：北京交通大学出版社　　　　电话：010–51686414　　http://www.bjtup.com.cn
地　　址：北京市海淀区高梁桥斜街 44 号　　邮编：100044
印　刷　者：北京虎彩文化传播有限公司
经　　销：全国新华书店
开　　本：185 mm×260 mm　　印张：9　　字数：225 千字
版 印 次：2024 年 4 月第 1 版　　2024 年 4 月第 1 次印刷
定　　价：38.00 元

本书如有质量问题，请向北京交通大学出版社质监组反映。对您的意见和批评，我们表示欢迎和感谢。
投诉电话：010-51686043，51686008；传真：010-62225406；E-mail：press@bjtu.edu.cn。

前言

随着我国经济的飞速发展，以及全球科技革命和产业变革的兴起，社会迫切需要大量创新创业型人才。在这样的形势下，加强职业院校的创新创业教育就成为时代浪潮的大势所趋。2016年5月，中共中央、国务院印发了《国家创新驱动发展战略纲要》，其中部署的八大战略任务之一就是"推动创新创业，激发全社会创造活力"。创新创业型人才的培养是实现这一任务的重要环节。

职业院校学生是创新创业教育的重要对象，是创新创业的生力军。创新创业教育有助于他们培养创新思维，也能有效地激发他们的学习潜力。同时，创新创业教育也能够使学生掌握创业基本技能，并提高就业能力。通过接受创新创业教育，学生能够以更开阔的视野看待学习生活和社会现象，有利于他们培养综合职业素养，为未来的职业发展奠定良好基础。

为了更好地适应社会对创新创业型人才的需求，同时也为了更好地促进职业院校学生职业素质全面提升，我们编写了《创新创业教育基础与实战技巧》一书。本书比较系统地介绍了创新创业基本理论知识和基本技能方法，同时结合大量的实际案例和容易操作的实践训练，力求让学生掌握概念、训练内容、解决问题，最后实现以创新创业思维提高实际就业水平的目标。

本书内容共分2篇：创新篇和创业篇，包括6个模块18个主题。每个主题除了理论内容外，还设计了随堂训练活动和课后拓展活动，便于开展课堂师生互动的教学活动，有效地提高学生的实践能力。全书内容注重实用性、趣味性，比较贴合职业院校学生的学习实际和学习特点。

本书在编写过程中吸收了近年来职业院校开设创新创业指导课程的教学经验，借鉴了大量大学生创新创业和就业指导方面的书籍、材料和网络资源，在此向相关教育者和作者表示由衷的感谢。由于作者水平有限，书中疏漏之处在所难免，敬请专家和读者不吝赐教。

编　者
2024年3月

目录

创 新 篇

创 业 篇

创新篇

1

模块一

创新的意义

名言警句

广大青年一定要勇于创新创造。创新是民族进步的灵魂，是一个国家兴旺发达的不竭源泉，也是中华民族最深沉的民族禀赋，正所谓"苟日新，日日新，又日新"。

——习近平

学习目标

1. 理解创新的概念与本质。
2. 激发创新的意识与兴趣；了解职业院校学生开展创新的优势。
3. 培养创新意志品质。

主题一

创新的概念

目标要求

知识：掌握创新的概念与本质。

能力：了解创新的形式与作用。

素质：培养乐于创新、勇于创新的意识。

热身活动

请把图 1.1 中的四种物品分成两组，要求每组包含两种物品，同一组内的物品要有共同特点，两组物品之间要有不同特点。例如汽车和手表属于贵重物品，铅笔和闹钟不是；或者手表和闹钟都有定时叫醒功能，汽车和铅笔没有。看看哪位同学分组方法更多。对同样的物品进行分组，若角度不同，可以算作不同的分法。

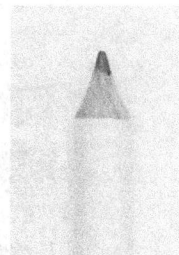

（a）闹钟　　　　　　（b）手表　　　　　　　（c）汽车　　　　　　（d）铅笔

图 1.1　待分组物品

一、创新的概念与本质

"创新"一词是著名的美籍奥地利经济学家约瑟夫·熊彼特在其1912年出版的《经济发展理论》中首先提出的。在这本书中，他用"创新"概念构建了一种与主流经济学完全不同的经济理论，并第一次从经济学的角度解释"创新"，因而成为创新经济学建立的标志。熊彼特认为创新不是单纯技术上的新发明、新创造，而是普遍应用在经济领域的概念。

广义的创新包括创造新理论、创造新体制、创造新方法、创造新产品，以及开辟新市场等。狭义的创新是指技术上的创新。

创新涵盖众多领域，在政治、经济、文化、商业、教育等各个领域中都具有非常重要的意义。创新意味着新思维、新方法、新角度、新发明和新描述，可以分为科技创新、文化创新、艺术创新和商业创新等。

创新是个体为满足一定的需求，运用已知信息和现有条件产生出新的、有价值的成果的思维和实践活动。它包括以下三层含义：

第一，对旧事物的改良或更新。比如以前人们用铁锅炒菜，铁锅有容易生锈的缺点。后来人们改进制铁工艺，制造出不锈钢锅，解决了铁锅容易生锈的问题。之后又针对不锈钢锅的缺点继续改进，制造出了不粘锅，这种对已有事物的改良就是一种创新。对原有事物的功能、外形等的改变也属于创新，比如用鞋子制作花盆［如图1.2（a）所示］、把胡萝卜削皮器改成铅笔刀的形状［如图1.2（b）所示］，以及丝瓜络花盆［如图1.2（c）所示］、能一分为二的水果碗［如图1.2（d）所示］。

（a）鞋子花盆

（b）胡萝卜削皮器

（c）丝瓜络花盆

（d）能一分为二的水果碗

图1.2　另一种创新

第二，对旧理念、旧习惯等的改变。例如为了满足现代年轻顾客的需求，设计师对传统的旗袍样式或用料进行改变，设计出现代版的改良款旗袍。

第三，创造新事物。新事物可以是有形的，如瓦特发明的蒸汽机、莱特兄弟发明的飞机；也可以是无形的，如阿基米德提出的杠杆原理、爱因斯坦提出的相对论。

此外，第一次从事某一项活动也属于一种创新。

创新的本质是突破。"新"是创新活动的核心要素，是突破的结果。创新就是为了更好地发展和进步，冲破固有的模式，突破旧的思维定式，打破常规，去发现、发明新的具有社会价值和个人价值的新事物或新思想。

二、创新的特征

1. 创新具有价值性

创新必须具有价值，要给社会和人类带来价值，没有价值甚至是带来价值破坏的"新"不是创新。比如 1999 年大卫·L.史密斯编写了一种新型计算机病毒——Melissa 蠕虫病毒，并且通过盗用的 AOL 账号使这种病毒大量传播，造成了巨大的破坏：包括微软、英特尔、朗讯科技等大公司在内，美国共有 300 多家公司的网络系统被感染，造成的经济损失达 8 000 多万美元。

2. 创新具有个体性

创新的关键是创新者如何看待传统观念、权威意见和公认的常识。著名的思想大师怀海特把创新比喻为"思想的历险"，非常生动地表达了创新的个体性。思想主要是一种个体活动，创新主要是个体的创造过程，具有个体性。

3. 创新具有社会性

虽然创新主要是一种个体的创造过程，但不是抽象的孤立存在，它能给社会和人类带来价值，必然具有社会性。创新的个体性不排斥社会性，相反，它需要得到社会的认可和支持。

4. 创新具有新颖性

新颖性是创新的主要特点。创新的核心是求新，是与众不同，是标新立异。创新要有超前意识，不能崇拜权威，否则故步自封、跟随大流，就谈不上创新。

创新的新颖性包括三个层次：世界新颖性，创造出世界上前所未有的事物，如贝尔发明电话；局部新颖性，世界上某些地方有，但对其他地区来说是新的，或者大部分与传统一样，只有部分不一样，如新能源汽车；个体新颖性，对创造者个人来说是前所未有的。

案例分享

清代著名书画家、文学家郑板桥，是"扬州八怪"之一。他从小酷爱书法，立志要精通历史上各派书法大家的技法。他勤奋地临摹历史名家的各种字帖，达到废寝忘食的地步。但令他遗憾的是，虽然自己写的字和名家写的几乎如出一辙，却没有人欣赏。有一次，他像往常一样，练习书法入了迷，随手在妻子衣服上比画起来。妻子责备他说："你自己有身体，干吗在别人身上比画？你为什么老是写人家的体，不写自己的体？"郑板桥听后，不由沉思："是啊，临摹别人的碑帖临得再像，也是别人的风格，自己应该有自己独特的字体！"后来，他博采众家之长，力求创新，终于摸索出了独树一帜的书法艺术形式，形成了雅俗共赏、世人赞叹的"六分半书"，也称板桥体。

启 示

郑板桥的成功贵在创新。再好的模仿也不及独一无二的创新。

5. 创新具有风险性

创新过程充满不确定性，结果可能成功，也可能失败。创新行为和成果可能得到认可，也可能遭到质疑和批判，甚至受到人身伤害。相传 14 世纪末的中国有位被封为"万户"的人，他对火器研究非常感兴趣，为了实现飞天的梦想，他曾手持两个大风筝，坐在一辆捆绑着四十七支火箭的飞车上进行试验，结果因火箭意外爆炸而失去了生命。他是世界上第一个提出借助火箭推力升空创想的人，是世界公认的真正的航天始祖。为了纪念他，科学家将月球上的一座环形火山命名为"万户山"。

三、创新的主要形式

1. 产品创新

产品创新是指通过技术改变现有产品。根据技术变化程度，可以分为重大产品创新和渐进产品创新。例如 3D 打印机、超薄洗衣机、透明电视屏幕等都是创新产品。

2. 模式创新

模式创新是指改变通用的创造价值的方式，为企业开拓新的市场，提供新的价值。例如网上销售相对于传统销售就是一种模式创新。

3. 工艺创新

工艺创新是指在生产过程中应用新工艺、新装备和新的管理流程。例如人们从大豆中提取润滑油代替石油，用玉米作为原材料制造环保的餐具，都属于工艺创新。

4. 职能创新

职能创新就是在计划、组织、控制、协调等管理职能方面采用新的、更有效的方法和手段。例如企业采用新的奖励员工的办法、学校改用新的评估学生学业成绩的方式，这些都属于职能创新。

世界进入知识经济时代，信息技术不断发展，创新理论和创新实践也随之得到越来越多的重视，尤其是随着全球经济一体化的进程日益加快，创新日渐成为时代发展的需要。创新不仅成为个人发展的有效手段，也成为一个国家经济发展的重要途径。同时，创新也是创业的基础，是创业的本质与源泉。

四、职业院校大学生创新的意义

在经济发展的新形势下，创新成为职业院校大学生重要的教育目标之一。创新创业教育有利于大学生的就业和职业生涯的长远发展。

1. 创新是大学生的核心素质

创新意识和创新能力是一种在认识、人格、社会层面上的综合体现，涉及一个人的心理、生理、思想、智力、性格等诸多方面，因此创新是大学生需要培养的核心素质。

随堂训练

李肖肖是东营职业技术学院的一名职业院校学生，在学校学习的是石油工程技术专业。这位来自济宁农村的姑娘喜欢钻研专业，乐于动手尝试。她发明的自助洗车机获得了国家专利，在全国多个省市热销。

大学二年级寒假回家时，李肖肖发现附近洗车场的洗车价格飞涨，但排队的人却络绎不绝。她就萌生了购买自助洗车设备，做洗车服务的想法。后来经过网上搜索、实地考察，她从烟台购买了5台自助洗车机，开起了自助洗车店。由于这种机器技术不成熟，电路板存在问题，几个月后创业就遇到了困难。但李肖肖没有放弃，在老师和同学们的鼓励和帮助下，她开始自己动手研发新机器并获得了成功。2014年她注册成立了东营森澜机电设备有限公司，2015年营业额超过1 000万元。

💡 思考

从一名普通的职业院校学生成长为创业之星，你认为是哪些良好的素质帮助李肖肖成就了自己？

2. 创新有助于大学生规划职业生涯

创新教育和创新活动有助于职业院校学生合理设计职业发展规划。

许多职业院校的大学生是在高考失利的情况下进入职业院校学习的，对自己的职业生涯往往缺少清晰的规划，对自己的专业发展和职业理想都缺乏坚定的信心。

创新有助于大学生开发自身潜能，培养其思考能力和实践能力，并在创新的过程中逐渐对自己的优势和发展方向获得清晰的认识，利于职业理想的树立和实现。

3. 创新有利于提高大学生的就业能力

随着我国经济体制改革的不断深化、经济的飞速发展和高等学校的持续扩招，职业院校毕业生的就业形势日趋严峻。有些职业院校学生认为自己没有名校背景、没有高超的技术、缺乏就业竞争优势，不可能找到理想的工作，因此学习期间缺乏自信心和主动性，失去进步的动力，甚至得过且过，把打游戏、追剧当成主业，荒废掉了珍贵的求学时光。

创新教育和创新活动可以改变职业院校学生被动就业的消极心态，使他们在创新过程中学会主动学习，养成敢想、敢试、能干、能闯的习惯，破除只有学历高才能就业好的旧观念。创新活动的开展一方面为职业院校学生拓宽了就业渠道，另一方面也有效地提高了他们的就业能力。

4. 创新有利于提高大学生的整体素质

创新活动和创新教育可以让职业院校学生意识到创新不是一件高不可攀的事情，许多小改革、小发明都源于日常生活，而这些不起眼的小创新很可能成就未来的大创新、大事业。

大多数职业院校学生的主要就业岗位是技术类工种岗位。现代社会发展需要大量的高素质技术人员，而现代高素质技术工作人员应该具备六项关键技能，其中就包括自主学习和创新能力。可以说，具备创新能力是新时代技术人员与传统技术人员的主要区别之一。

创新教育和创新活动能有效提升职业院校学生的整体素质，有利于培养他们的学习和工作能力，对其性格发展也能起到良好的带动作用。

五、创新意识与兴趣的激发

在科技飞速发展的今天，创新意识和创新能力已经成为一个国家国际竞争力的核心决定因素之一。创新意识推动了人们的思想解放，有利于人们形成开阔的思维方式、先进的思想观念，是创新发展的基本条件。

创新意识与兴趣能促进创造活动的成功，是促使人们积极追求新奇事物的一种心理倾向。强烈的创新意识与兴趣让人勇于创造条件、乐于适应环境，并对创新活动充满热情。古今中外许许多多的创新成功者都是沿着"创新意识与兴趣—创新活动—创新成功"这条路径走向辉煌的。大学生可以从以下几方面培养自己的创新意识与兴趣：

1. 培养自主学习的兴趣

宽泛的知识面是生发创新意识与兴趣的肥沃土壤。学习不仅仅局限于课堂、课外书里、互联网上、电视节目里、交流谈话中，只要有心，处处可以学到各种各样的知识。

随堂训练

袁枚是清代诗人、散文家，"乾隆三大家"之一。袁枚特别善于向别人学习，用心积累听到的好词好句。他的很多佳词好句都是从普通百姓的日常谈话中得到的。有一次，袁枚的一个朋友为他送行时随口说道："园子里的梅花开得正好看，可惜你带不走呀！"袁枚觉得这句话很有诗意，就斟酌写出了为世人称赞的好诗句"只怜香梅千百树，不得随身带上船"。

还有一次，袁枚在梅花盛开的季节去赏花，有一个村夫刚好也站在梅树下，他很开心地对袁枚说："你看，这棵树有了一身花了！"袁枚听后，不由琢磨："这不是一句诗吗？"他就暗暗记在心里，反复回味推敲，后来写出了"月映竹成千个字，霜高梅孕一身花"的名句。

💡 思考

袁枚善于积累学习的习惯值得我们学习。在生活中，有哪些人说过的话或做过的事，让你觉得从中学到了知识或明白了道理？

2. 树立创新的信心

对职业院校学生来说，首先要打破"文凭不够高没出路"等传统偏见，要善于发现自身的优势和潜力，树立起自信心，丢掉旧思想、旧观念，勇于冲破藩篱，是走向创新的第一步。

3. 勇于质疑

古希腊著名科学家亚里士多德认为：物体的下落速度和它的重量成正比，物体越重，下落的速度就越快。之后的 1 000 多年里，人们始终把这个学说当成真理。但年轻的伽利略却对此提出质疑，并进行了著名的比萨斜塔实验，推翻了亚里士多德的论断。

大学生要富有怀疑精神，对司空见惯的现象也要在心里多问一问"为什么是这样？""那样不行吗？""怎么成这样的？"遇到不明白的问题，要打破砂锅问到底，弄明白事情的本源和实质。

4. 乐于实践

职业院校学生年轻、有活力，要养成动手做事的好习惯。要善于把学到的课本知识运用到实践当中去，经常琢磨琢磨，能不能把身边的某样东西改进一下，可不可以把某个活动换个形式更好地进行。在生活中，许多事情都有很多种不同的解决方案，处处有创新。要善于观察身边的问题，看看有哪些不同的解决方法并付诸实践去验证一下。

实践既会让人体会到理论的强大，也会让人发现现有理论的不足，从而催生创新。实践会带来意想不到的乐趣，也会进一步激发创新的意识与兴趣。

拓展活动

主　　题：创新小试验。
目　　标：突破常规想法，乐于创新。
建议时间：5 min。
活动过程：
（1）说明：全班参与，以个人为单位完成任务。
（2）道具：A4 纸。
（3）规则：每人拿一张 A4 纸，想办法让这张纸的一个角可以在手上站立 5 s。只能有一个角站立在手上，同时要保持纸的平衡。用 5 min 时间完成这个挑战。

思考与讨论

1. 结合实际，谈一下职业院校学生创新的意义。
2. 简述你是怎样理解创新的。
3. 如何激发自己的创新意识与兴趣？

创新潜质与创新精神

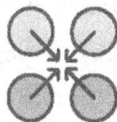

目标要求

知识：了解职业院校学生创新的特点及优势。

能力：具有初步规划创新活动的能力。

素质：培养创新信心，激发创新勇气，具有创新意志品质。

热身活动

下面等式在什么情况下是成立的？可以用实例进行说明。

$$4-3=5$$

一、职业院校学生开展创新的特点与优势

职业院校学生和千千万万本科院校的大学生一样，都是国家创新创业的生力军。虽然不是所有职业院校学生都适合创新创业，但树立良好的创新创业意识，提高自身的综合职业素质，经历创新创业的艰苦过程，会给职业院校学生的学校生活和未来的职场发展带来深远影响，它有益于职业院校学生的自我成长，也有助于日后的就业选择和职场成功。

（一）职业院校学生开展创新活动的特点

1. 创新思想比较活跃

当职业院校学生开展创新活动时，一般没有太多的思想包袱，想法比较单纯，也勇于实践自己的创新计划。他们本身承受的来自家庭和学校的期待值和压力都不大，这使得他

们在开展创新活动时敢想敢做，乐于不断尝试，创新思想比较活跃。

2. 创新动机往往与就业动机相关

职业院校学生毕业后，选择直接就业的比例明显高于普通本科大学生，选择继续深造和出国留学的比例相对较低。寻求更好的工作机会、不甘心被动就业成为很多职业院校学生开展创新创业活动的初始动机。

3. 创新活动带有较强的模仿性

职业院校学生的创新活动大多是从模仿别人的项目开始的，经过一个阶段的成长后，逐渐步入真正的创新阶段。

4. 服务型创新活动较多

由于职业院校的教育活动侧重培养应用型人才，教学内容一般不涉及带有前沿性、研究开发性质的高科技项目，学生的创新活动也多偏重于服务型项目。这类创新项目具有投资少、见效快的特点。

5. 创新活动多样性

职业院校学生注重实际，容易接受变化，适应性比较强。当创新活动受到阻碍或者达不到预期结果时，他们往往选择更换创新项目，不断尝试新的创新途径。这种创新活动多样性的特点，增加了职业院校学生创新创业成功的概率。

（二）职业院校学生开展创新活动的优势

虽然社会普遍认为职业院校学生在知识基础、自主学习能力等方面与普通本科大学生相比较具有一定劣势，但是职业院校学生的创新能力和创新成果正越来越多地被社会所认可。在创新创业方面，职业院校学生具有以下优势：

（1）职业院校学生对就业的期望相对比较客观，参与创新活动时心理包袱较少。

（2）职业院校学生进行创新创业时，容易得到学校和家长的各方面支持。

（3）职业院校学生的课业压力小，有利于学生创新活动的开展。

（4）职业院校学生乐于动手实践，有利于培养他们的创新意识与兴趣。

（5）职业院校学生比较务实，开展创新活动容易取得成果。

二、创新人才的初步规划

所谓创新人才，就是具有创新意识、创新精神、创新思维、创新知识、创新能力及良好的创新人格，能够通过自己的创造性劳动取得创新成果，在某一领域、某一行业、某一工作岗位上为社会发展和人类进步做出创新贡献的人。

随堂训练

习近平指出："青年学生富有想象力和创造力，是创新创业的有生力量。希望广大青年学生把自己的人生追求同国家发展进步、人民伟大实践紧密结合起来，刻苦学习，脚踏实地，锐意进取，在创新创业中展示才华、服务社会。"职业院校学生要顺应时代发展潮流，努力成为新时代创新型人才，为实现家国梦想而拼搏。

💡 思考

如果给你一个机会，你想开展什么样的创新活动？你会创立一家从事什么行业的公司？

我们常说的创新型人才，是指具有创新精神和创新能力的人才，这类人通常思想开放、头脑灵活、好奇心强，具有精力充沛、意志坚强、做事专注、想象力丰富及勇于冒险等性格特点。

创新型人才虽然有不同的类型，但都具备一些共同特点。有志成为创新人才的大学生，可以从以下几个方面着手进行初步规划：

1. 培养良好的创新人格

创新型人才通常具有良好的道德修养，乐于与他人合作或共处。对于职业院校学生来说，创新创业阶段，往往面临技术不成熟、社会经验缺乏、资金不足等诸多困难，但具备良好的道德修养，善于与他人沟通、合作共赢，可以让创新之路走得更顺畅。

2. 储备扎实的创新知识

创新型人才往往在某一领域或某一方面具有广博而扎实的知识，拥有较高的专业水平，而且具有自我学习与探索的能力。

3. 点燃创新的热情

创新型人才大多具有强烈的创新欲望。俗话说，"心有多大，舞台就有多大"。内心渴望创新，把创新当成一种学习、生活、工作的目标，这是开始创新的关键一步。

案例分享

杨杰，安徽机电职业技术学院的一名优秀毕业生，芜湖市巨能百利网络科技有限公司的创始人。2011年，杨杰进入学校学习，他非常认真地学习专业知识，同时刻苦钻研课外知识，并利用课余时间参与大量的科技创新项目，这不仅使他具有扎实的专业知识，也锻炼了他自我学习与探索的创新能力，为他日后的创新创业打下了坚实的基础。他研发的"道路 LED 行人护墙项目"和"智能型多功能电动轮椅"于 2012 年分别获得国家发明专利和实用新型专利，被中华人民共和国国家发展和改革委员会列为 2013 年年度推广科技项目。他还曾荣获芜湖市青年创业大赛冠军、芜湖市年度创业之星、第九届全国高职高专"发明杯"大学生创新创业大赛一等奖等殊荣。

💡 启 示

创新型人才拥有的信息量越大，文化素养越高，思路便越开阔，也就越容易开展创新活动、取得创新成功。

4. 培养坚韧的创新意志

创新型人才通常具有敢于冒险、不怕失败的良好心理素质。创新的过程充满阻力、困难、挫折，甚至失败。创新型人才需要有非凡的胆识和坚韧不拔的毅力，不断克服各种艰难困苦，坚持初心，不轻言放弃，才能由弱到强，最终取得成功。

随堂训练

出身于山东农村的徐胜广，有着与别人不同的人生目标，他从上学的时候就有"不愿意打一辈子工"的想法，他立志通过创新创业实现自己的理想。从大学二年级开始，他就热衷于发明创造，踏上了创业之路。但创新创业并不是一件容易的事情，他创立家教中介公司，以失败而告终；他开商铺，以失败而结束；他曾经因为合伙人自杀遭遇亏损；他曾经因为国家出台新政策而面临困境。虽然经历了无数次失败，但徐胜广从没有放弃过新的尝试和努力，屡败屡战，最终在 28 岁的时候拥有了三家公司。坚定的目标和态度成就了他"我要自己掌握自己的命运"。

💡 思 考

你知道哪些屡败屡战的故事？这些故事给了你哪些启示？

5. 培养敏锐的创新洞察能力

创新型人才必须具有敏锐的观察能力、深刻的洞察能力、见微知著的直觉能力及一触即发的灵感和顿悟，只有善于将观察到的事物与已经掌握的知识关联起来，发现事物之间的必然联系，才能及时地发现别人没有发现的新契机。创新型人才需要有敏锐的观察力，善于发现事物的本质，具有在平常中发现不平常的创新洞察能力。壶水沸腾使瓦特产生灵感，进而改良了蒸汽机；苹果落地，使牛顿发现了万有引力定律；划破鲁班手指的野草细齿，使他发明了锯子。这些都说明了敏锐的创新洞察能力在创新中的重要作用。

随堂训练

认真观察图1.3，你能看到几种动物？各是什么动物？

图 1.3　奇妙的动物图案

6. 勇于进行科学的创新实践

创新的过程是依据事物的客观规律进行探索的过程，任何一种创新都不是凭空臆想出来的。创新型人才必须以科学的态度进行创新实践。

案例分享

山东省寿光市的王乐义是冬暖式蔬菜大棚的发明人。他为了得到蔬菜大棚的最佳地理朝向，在当地连续两年使用罗盘观测光照情况，最后得出了"本地区的大棚最佳朝向为正南偏西5°"的科学论断。也正是由于他这种严谨科学的创新实践态度，使他先后研发了立体种植、无土栽培等20多项蔬菜种植新技术，成为创新典范。

💡 **启示**

实践出真知。王乐义的故事告诉我们，脚踏实地的态度是创新成功的基石。创新需要想象力，但不是空想。

三、创新信心与勇气的激发

任何创新都是有风险的，都有不成功的可能。要不间断地保持创新能力，必须时时激发自己的创新勇气，培养自己的创新信心，具体应做到以下几点：

1. 让身体做自己的领路人

当第一次面临某项未知的挑战时，对任何人来说采取行动都可能非常艰难。例如第一次当众演讲，第一次坐过山车，第一次参加比赛，等等。在这些情况下，一定不要犹豫，也不要用"头脑"过度分析。因为在原地迟疑的时间越长，事情做起来就越困难——"头脑"会编造各种子虚乌有的故事来恐吓你。无论眼前的挑战是来自精神还是身体，都可以让身体做自己的领路人，要么直接采取针对性的行动，要么通过感受，调动和增强身体的能量来缓解精神的紧张，这些都可以更好地解决问题。

2. 不要给自己贴标签

有的同学会经常说，"我英语学不好"，"我很胆小"，"我内心不够强大"，等等。这样会在无形中给自己贴上自我否定的标签，而一旦这种消极的标签内化成为自身的一部分，就会影响思想和行动。因此，要想培养自己的创新信心，激发创新勇气，就必须做到"不给自己贴标签"。

3. 让勇敢成为习惯

勇敢并不意味着完全消灭恐惧。那些认为勇敢和恐惧不能并存的想法是错误的。实际上，恐惧不可能根除。那些非常勇敢的人，内心也会有恐惧，只是他们能不断激励自己勇往直前，去采取行动。勇敢和恐惧一样，都只是习惯而已。越是勤奋地训练自己勇敢，就会拥有越多的勇气。当面临威胁和挑战时，一旦勇敢地采取行动，就向解决问题的方向迈进了一步。

4. 让信心和勇气扩散

无论在生活中还是工作中，信心和勇气都会有一个不断增长的过程。需要把自己曾经体验到的各种充满信心和勇气的时刻记录下来；每当有超出自己预期并成功采取了行动的时刻，就把它记录下来。

当信心和勇气清单不断加长的时候，会发现其实所有成功做到的事情都遵循着同样的模式。这样，即使将来遇到和以前不同的情境，也会勇敢地接受挑战，也一定会取得成功。

案例分享

索拉利奥是一个流浪街头的吉卜赛修补匠。他常常去画家安东尼奥家里做些修补画具的工作。当他向安东尼奥的女儿求婚时，安东尼奥说只有索拉利奥成为像他那样的画家才可以娶自己的女儿。

之后的十年间，每天早上索拉利奥起床后的第一件事，就是对自己充满信心地说："你一定能成为像安东尼奥那样伟大的画家！"他以此给自己信心和勇气，使自己满怀激情地投入一整天的工作和学习之中。十年如一日，他每天都重复这句话，并刻苦磨炼。最后，他成为一位超过安东尼奥的著名画家。

💡 **启示**

做一个像索拉利奥一样有信心、有勇气的人，经过不断地奋斗，任何人都可以完成对自己的挑战。

四、创新意志品质的培养

创新意志品质是指人们根据社会和个体生活发展的需要，引起创造前所未有的事物或观念的动机，并在创造活动中表现出的意向、愿望和设想。创新意识是进行创新活动的精神态势，它可以激励人们发挥自己的潜在能力，是进行创新活动的重要精神力量。要成为创新型人才，除了先天禀赋外，自身的后天努力同样具有不可替代的重要作用，因此要不断培养自己的创新意志品质。

1. 培养好奇心

好奇心是重要的创新品质。要善于把蒙昧时期的好奇心转化为求知时期的好奇心。对自己接触到的事物，要保持强烈的好奇心，敢于在新奇的现象面前提出问题，不怕问题简单，不怕被人耻笑。

2. 培养求知欲

学而创，创而学，这是创新的根本途径。职业院校学生要具备勤奋求知的可贵精神，不断地学习新知识，才能在自主创新中发挥生力军的作用。

3. 培养创造欲

不满足于现成的思想、观点、方法，不满足于所见物品的质量、功能，要经常思考如何在原有基础上创新发明、推陈出新，大脑里要经常装满问号：能不能换个角度看问题？有没有更简捷的途径？有没有更好的解决办法？

4. 培养质疑力

"学起于思，思源于疑"。有疑问才能促使自己去思考，去探索，去创新。提出问题是获得知识的先导，只有提出问题，才能解决问题，认识才能前进。一定要以锐不可当的开拓精神，树立和提高自己的自信心。既要尊重名人和权威，虚心学习他们的丰富知识经验，又要敢于超越他们，在他们已进行的创造性劳动的基础上再进行新的创造。

拓展活动

主　　题：合作创新小游戏。

目　　标：树立创新勇气和信心，体验合作创新的成就。

建议时间：30 min。

活动过程：

（1）说明：4～5 个人一组为宜；在室外有三层楼以上高度的场地。

（2）道具：每组两个生鸡蛋、两张报纸，以及塑料袋、胶带纸、细绳若干。

（3）规则：各小组要在 15 min 内用所给的材料设计完成一个保护装置，用来保护鸡蛋不被摔碎。每组留一名同学在三层楼以上高度的场地向楼下投放鸡蛋，其他同学可以在楼下空地上观察落地的鸡蛋是否完好。鸡蛋完好的小组是优胜组。优胜组之间可以继续比赛，从更高的楼层往下投放鸡蛋。比赛结束后，集体交流经验。

思考与讨论

1. 联系实际谈谈职业院校学生创新的特点与优势有哪些。

2. 职业院校学生怎样才能成为创新人才？

3. 结合实际谈谈如何培养创新信心与勇气。

2

模块二

创新思维

名言警句

如果你要成功，你应该朝着新的道路前进，不要跟随被踩烂了的成功之路。

——约翰·洛克菲勒

学习目标

1. 了解创新思维的概念、作用和特征。
2. 了解常见的创新思维障碍，掌握突破创新思维障碍的途径。
3. 掌握六种常见的创新思维方法。
4. 能摆脱传统观念的束缚，初步运用创新思维发现并解决学习和生活中遇到的实际问题。

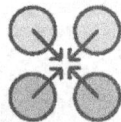

主题一

创新思维的本质

目标要求

知识：了解创新思维的概念、作用和特征，以及常见的创新思维障碍。

能力：能够有目的、有意识地进行创新思维训练，初步具备将创新思维应用于生活或学习的能力。

素质：培养良好的创新思维习惯。

热身活动

用 5 min 的时间讨论一下，以下的题目怎样快速地求解？

$1\,998+1\,997-1\,996-1\,995+1\,994+1\,993-1\,992-1\,991+\cdots+6+5-4-3+2+1$

一、创新思维的概念、作用和特征

（一）思维与创新思维

思维是人类在社会实践中产生的一种特有的精神活动，是人类借助于语言或者其他媒介对客观事物进行概括的间接的反应过程。思维以感知为基础又超越感知的界限。它探索与发现事物的内部本质联系和规律性，是认识过程的高级阶段。思维是人类获取知识及运用知识求解问题的根本途径，帮助人类在自然界的竞争中脱颖而出，并能不断探索利用自然。

创新思维是指以新颖独特的方法解决问题的思维过程，通过突破常规思维，以超常规甚至反常规的方法、视角去思考问题，提出独特的问题解决方案，从而产生新颖的、独特的、有社会意义的思维成果。创新思维是创造活动中的一种特殊的高级思维方式。

一个民族要想走在时代前列，就一刻也离不开创新思维，一刻也不能停止各种创新。创新思维能够推动国家、民族的发展和进步，推动社会的全面进步，并能优化人才素质结构，激发人的主体性、能动性和创造性的进一步发挥。

（二）创新思维的特征

1. 独特性

独特性是创新思维的基本特征。在创新活动的整个过程中，尤其在创新活动的初期阶段，创新思维的独特性表现得特别明显。它要求创新者必须有与众不同的风格和新颖独特的方法，打破传统和习惯，突破原有的格局和视野，独辟蹊径，革新首创。

随堂训练

世界著名作曲家莫扎特年少时曾师从伟大的作曲家海顿。有一次，莫扎特写了一支曲子给老师，并预言老师弹奏不了。海顿开始自信地弹奏了一段，接着诧异地说："这怎么可能，两手分别在钢琴两端弹奏的时候，怎么会有一个音符出现在键盘中间？"莫扎特就边给老师演奏边解释，只见他遇到键盘中间出现的音符时，俯下身，用鼻子弹了出来。海顿大吃一惊，同时也为莫扎特的创新思维感到骄傲。

💡 思考

怎样评价莫扎特的独特思维方式？

2. 联想性

联想是将表面看来互不相干的事物联系起来，从而达到创新的效果。事物之间联系的必然性是联想的客观基础。我们常说的由此及彼、举一反三、触类旁通都属于联想。联想是创新者在创新思考时经常使用的方法，他们通常积极寻找事物之间的对应关系，并有意识地将这种思考方式运用于创新思维过程中，通过联想获得新的认识、新的发现、新的切入点。

案例分享

有一则公益广告说：如果人类不从现在节约水源，保护环境，人类看到的最后一滴水将是自己的眼泪。

3. 综合性

创新思维具有综合性，它能对大量的事实、概念和观察材料进行概括、整理和分析，综合形成新的概念和体系。这种综合性特征使创新思维能对占有的材料深入解析，把握其独特性，归纳出事物规律。

4. 多维性

多维性思维是一种开放性思维，其过程是从某一点出发，任意发散，既没有一定方向，也没有一定范围，从多角度、多层次寻找解决问题的方案。众所周知，人的行动可能会受到各种条件的限制，而人的思维活动却是灵活多变、多维发散的。这就要求人们开阔视野、转换思路，在思维领域展示世界的多样性。

5. 批判性

批判性就是人们在思维过程中，摆脱固有的经验、传统观念和权威的束缚，换个角度看风景，做到不唯书，不唯上，只唯实。人类历史是一部"正确"和"错误"共同编织的历史，科学技术上的很多革新都是批判性思维的结果。

二、常见的创新思维障碍

人的思维通常会沿着一定方向按照一定次序进行，在遇到同类型问题时，会产生一种思维的惯性，这就是思维惯性。当一个人多次以思维惯性来处理客观事物时，就形成了思维定式。而思维障碍就是思维惯性和思维定式二者的结合，是创新过程中的绊脚石和拦路虎。因此，要进行创新思维，首先必须突破思维障碍。常见的创新思维障碍有以下几种类型。

（一）定式思维

定式思维使人思路阻塞，难以爆发出创新的思想火花，对于创造性地解决问题是一种障碍。下面介绍定式思维的主要表现形式。

1. 惯性思维

生活中，人们往往习惯按照已有的被反复证明有效的经验和模式来思考和行事，有时确实能节约时间，减少投入。但在创新思维过程中，多数情况下惯性思维是有害的，会让我们陷入原地踏步的陷阱。

案例分享

据说拿破仑当年被流放到圣赫勒拿岛后，他的一位善于谋略的密友通过秘密方式给他捎来一副用象牙和软玉制成的国际象棋。拿破仑对如此精美珍贵的象棋爱不释手，从此一个人默默下起了象棋，打发着孤独痛苦的时光，直至走到生命的尽头。

拿破仑死后，这副象棋被多次转手拍卖，后来的一个拥有者在把玩这副象棋时惊讶地发现，有一枚棋子的底部是可以打开的，里面塞有一张如何逃出圣赫勒拿岛的详细计划！

💡 启 示

这虽然是一则轶事，但如果拿破仑能打破对棋子的固有想法，改变思考方向，说不定会产生另一段不同的历史。

2. 从众思维

实验证明，从众心理是大部分个体普遍存在的心理现象。在创新思维过程中，人们往往受到外界人群行为的影响，在知觉、判断、认识上自觉地表现出符合公众舆论或多数人标准的行为方式。

3. 权威思维

人们在长期的学习和生活中逐渐养成了对权威，包括领导、长辈、专家、书本等的尊重甚至崇拜，不敢怀疑权威的理论或观点，由此形成创新思维的障碍。对权威的意见，应当批判性地看待，不为权威的意见所束缚和限制，才能取得创新成功。

随堂训练

诺贝尔物理学奖的获得者、美国物理学家温伯格曾经说过，不要安于书本上的答案，要勇于尝试下一步，尝试发现是否有与书本上不同的东西。

💡 思 考

怎样理解温伯格"不要安于书本上的答案"的思维模式？

4. 线性思维

人们由于受经验的影响，在遇到问题时往往用一是一、二是二的线性思维方式去解决。这种思维方式让人们不敢从侧面、反面甚至迂回地进行思考，最终难免陷入思维的误区。

案例分享

有这样一则幽默故事：美国航天员在太空中用圆珠笔写不出字来，于是美国航天局决定划拨 100 万美元做专款攻关。研究是在极其秘密的状态下进行的，结果不用说，大家也能够猜得出来，凭美国的人力、物力和财力，这不过是小事一桩！最后研制出了专用的"太空笔"。庆祝之余有位官员突生疑问：苏联航天员在太空中是用什么笔写字的呢？一批精干的谍报人员被派了出去，答案很快就有了：苏联航天员用的是铅笔！

启 示

这是典型的线性思维惹的祸。美国航天局把多元问题变为一元问题，拘泥于用圆珠笔写字，最终浪费了大量的人力、物力和财力。

（二）偏见思维

偏见思维就是根据头脑中已有的见解来观察和认识事物，其缺点是易导致认知缺陷，进而限制人的思维和行动，影响人的发展和成功。下面介绍常见的偏见思维。

1. 文化偏见

文化偏见是指人们在看待事物时由于习俗、文化、宗教等不同而产生的偏见，这是因为人们往往受到自己所处环境长期积淀的文化的影响。文化偏见会影响人们对事物的客观评价，不利于解决问题。因此，克服文化偏见才能够实现创新。

随堂训练

海尔集团研发对开门冰箱就是一个成功的例子，它根据美国用户的饮食文化，设计出超大的横向空间，能存放椭圆形大比萨。同时考虑到西方人经常要用到冰块，该冰箱还具有快速制冰功能和专门的存冰空间。正是因为海尔的研发团队克服了文化偏见，才实现了海尔冰箱在美国本土化的成功。

思 考

这是典型的克服文化偏见取得创新成功的案例。想一想，还有哪些克服文化偏见取得成功的案例？

2. 经验偏见

经验是一把双刃剑，它可以使我们少走弯路，提高效率，但也可能因为我们对经验的夸大和过分依赖而衍生偏见。因此，在创新思维过程中，切忌机械地照搬经验，要勇于克服经验偏见。

随堂训练

《伊索寓言》中有这样一个故事：有一只驴子驮着盐过河，它的脚一滑，跌倒在河水中。当它站起来时，感觉身上轻松了许多，因为盐在水中溶化了。它很高兴。后来有一天，它驮着海绵过河，根据之前的经验，它认为跌倒在水里再站起来肯定会更轻松。于是，它故意跌倒在河里。但是驴子没想到海绵是吸水的，吸过水的海绵沉重地压在身上，导致它再也没能站起来，最后淹死在河里。

思考

是什么导致了故事中驴子的悲剧？生活中你还知道哪些类似的例子？

3. 位置偏见

位置偏见也就是"思不出其位"，它是因为所处的物理位置不同而导致的意识的微妙偏离。"横看成岭侧成峰，远近高低各不同""盲人摸象"等都是由位置偏见产生的结果。在现实生活中，所处位置、年龄阶段、学历层次、生活环境等的不同都会导致人们对同样的事物产生完全不同的感受和认知。例如在企业里，老板总抱怨员工"磨洋工"，办事效率低下；而员工则总抱怨待遇低、经常加班、老板不体谅员工，这其实就是由老板和员工所处的位置不同而导致的位置偏见。如图 2.1 所示，两个人站的位置不同，看到的木头的数量就不同。

图 2.1　位置偏见

拓展活动

主　　题：理解创新思维障碍。

目　　标：通过了解创业失败人士的经历或破产企业的发展历程，了解创新思维常见的障碍，并探讨如何突破这种思维障碍。

建议时间：30 min。

活动过程：

（1）说明：以小组为单位，每组 5～7 人，轮流讲述从书籍、互联网上查找到的或者自己身边的创业失败人士的经历或破产企业的发展历程，其他同学记录下故事中的人或企业所存在的创新思维障碍。然后大家集体讨论克服这些创新思维障碍的方法。最后教师对讨论结果进行总结。

（2）道具：纸、笔。

（3）规则：小组内所讲述的故事不能雷同，选取的故事要紧贴课程内容，具有代表意义。

思考与讨论

1. 请根据自己的理解描述一下什么是创新思维。

2. 创新思维的特征是什么？有哪些常见的创新思维障碍？

3. 请搜集几个日常生活中的小的创新设计（如剥蒜器、便利贴等），并分析这些创新设计体现出的思维特征。

主题二

创新思维方法的应用

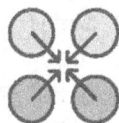

目标要求

知识：了解六种创新思维方法的概念、特点和应用。

能力：能对自身的创新思维进行训练，并用于解决学习和生活中的实际问题。

素质：注重理论学习和实践训练，提升创新思维能力。

热身活动

用 5 min 的时间，从以下三组词汇的第一个词开始，经过对比、相似、接近、因果等若干个中介联想，最终到达第二个词。

（1）木头—足球

（2）天空—茶

（3）电—风筝

【例】钢笔—月亮：钢笔—写字—上学—放学—黑夜—月亮。

爱因斯坦曾经说过，如果没有某种大胆放肆的猜想，一般是不可能有知识的进展的。在科技不断发展的今天，产品更新换代速度不断加快，如果不能摆脱传统思维模式的束缚，就会被时代所淘汰，只有不断地创新实践，才能够推动社会不断发展进步。

常见的创新思维方法包括逆向思维、发散思维、侧向思维、联想思维、聚合思维、互联网思维。

一、逆向思维

（一）逆向思维的概念

逆向思维也叫求异思维，是对司空见惯的或似乎已成定论的事物或观点从反面进行思考的一种思维方式。逆向思维敢于"反其道而思之"，让思维向相反的方向发展，从问题的反面入手，深入地进行探索，树立新思想，创立新形象，如图 2.2 所示。

图 2.2　逆向思维

逆向思维并不是漫无目的、不受限制的胡思乱想，它是关注小概率可能性的思维。逆向思维是发现问题、分析问题和解决问题的重要手段，它有助于人们打破思维惯性和思维定式，从而找到解决问题的办法。

（二）逆向思维的特征

1. 新颖性

循规蹈矩的思维方式容易使思维僵化、刻板，得到的往往是一些司空见惯的答案。逆向思维则从反向来思考问题，得出的结论往往会给人耳目一新的感觉。

2. 普遍性

逆向思维在各种领域中都有适用性。对立统一规律是普遍适用的，正因为有多种多样的对立统一的形式，所以才会对应多种多样的逆向思维。

3. 批判性

逆向思维是对常规做法的"反其道而行之"。这是逆向思维最重要的特征，它能够克服思维定式，破除由经验和习惯造成的固化、刻板的认识模式。

案例分享

日本是一个经济强国，却又是一个资源贫乏国，因此日本人十分崇尚节俭。当复印机大量吞噬纸张的时候，他们把一张白纸的正反两面都利用起来，一张顶两张，节约了一半。日本理光公司的科学家并不满足于此，他们通过逆向思维，发明了一种"反复印机"，已经复印过的纸张通过它以后，上面的图文消失了，重新还原成一张白纸。这样一来，一张白纸可以重复使用许多次，彻底解决了纸张浪费问题。

💡 **启 示**

正是这种"反其道而行之"的逆向思维，使"反复印机"得以被发明和应用，不仅创造了财富，节约了资源，而且启发人们树立起新的价值观：节俭固然重要，创新更为可贵。

（三）逆向思维的方法

1. 转换逆向思维法

转换逆向思维法是指在研究一个问题时，另辟蹊径，不拘泥于当前受阻的手段和途径，转换角度，以便顺利解决问题的思维方法。例如司马光砸缸就是转换逆向思维的结果：既然不能到缸里去救人，那就把缸砸碎，手段的转换帮助他顺利地解决了问题。

2. 缺点逆向思维法

这种方法不是克服和躲避事物的缺点，而是利用事物的缺点，化被动为主动，化不利为有利，找到解决问题的方法。例如臭豆腐的发现，就是缺点逆向思维的一种应用：豆腐会发臭，但是发臭以后却有着别样的口感。

3. 反转逆向思维法

反转逆向思维法是指从已知事物的功能、因果关系、结构等方面向相反方向进行思考，产生发明构思的途径。例如电锯机的发明，就是反转逆向思维的产物：之前木头不动而锯子动，反过来之后就是木头动而锯子不动。

（四）逆向思维的培养

逆向思维是训练一种小概率思维模式，它不是让人们不受限制地胡思乱想，而是关注小概率可能性。逆向思维是决策思维的重要方式，有助于克服思维定式的局限性，是解决问题的重要手段。

在现实生活中，有很多问题需要用逆向思维来解决。例如煎鱼的时候会产生油烟，于是，有人把原有煎鱼锅的热源由锅的下面移到锅的上面，发明出无烟煎鱼锅，这是利用逆向思维对结构进行反向思考的结果。因此，多观察，多做一些逆向思维的游戏，可以提升自己的逆向思维能力。

　　某时装店的员工不小心把一条高档裙子烧了一个洞，裙子的价格因此暴跌。虽然可以用织补法补救，但也只能是蒙混过关，无法向顾客交代。情急之下，这个员工灵机一动，干脆在小洞的周围又挖了许多小洞，并精心修饰一番，将其命名为"凤尾裙"。最后，这条经过修饰的满是破洞的"凤尾裙"，深受消费者欢迎。

💡 思 考

　　"凤尾裙"的例子说的是逆向思维带来了可观的经济效益。而"无跟袜"的诞生与"凤尾裙"有异曲同工之妙。请讲一讲你所知道的类似故事。

二、发散思维

（一）发散思维的概念

　　发散思维，又称扩散思维、求异思维、辐射思维或放射思维，是指大脑在思维时从一个研究对象或思考对象出发，从一点联想到多点，呈现多维发散状。"一题多解""一事多写""一物多用"等都是发散思维的运用，示例如图 2.3 所示。不少心理学家认为，发散思维是最主要的创新思维方法，是测定创造力的主要标志之一。

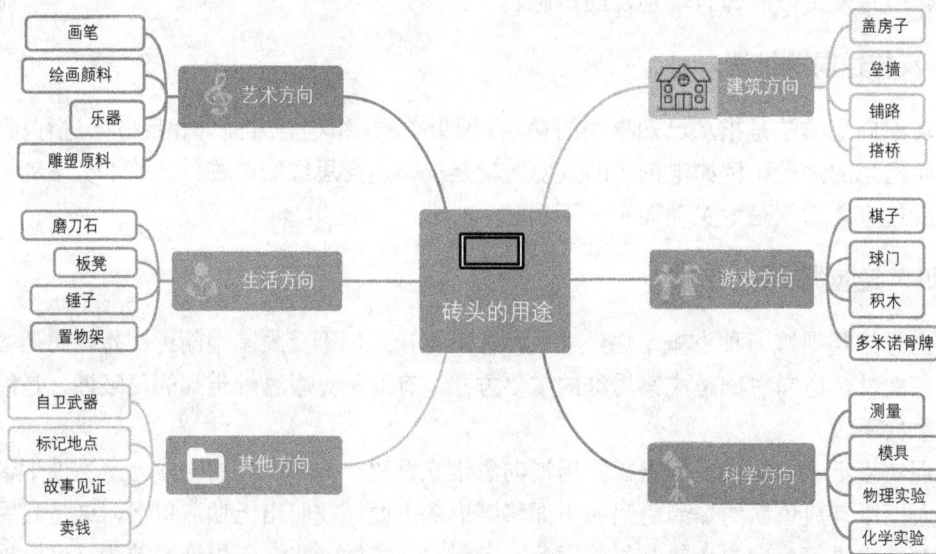

图 2.3　发散思维示例

（二）发散思维的特征

1. 多感官性

发散思维除了要运用视觉思维和听觉思维外，还要充分利用其他感官来接收、加工信息。发散思维还与情绪和情感有密切关系。如果把信息感性化，赋予信息感情色彩，以此激发思维者的兴趣，让思维者产生激情，会有效提高发散思维的速度，产生更好的效果。

2. 独特性

独特性指人们在发散思维中做出与众不同的新奇反应的能力。独特性是发散思维的最高目标。

3. 变通性

变通性是指打破人们头脑中原有的僵化的思维框架，按照某个新的角度和方向来思考问题。变通性反映的是发散思维的多面性和多样性。变通性需要借助横向类比、纵向类比、跨域转化等方法，不墨守成规，且能随机应变，使思维沿着不同的角度和方向扩散。

4. 流畅性

流畅性指观念的自由发挥，要求在尽可能短的时间内生成并表达出尽可能多的思维观念，并能够较快地适应、消化新的思想概念。流畅性反映了发散思维的速度和数量特征。

（三）发散思维的方法

1. 一般方法

（1）方法发散法——以某种方法为发散点，设想出利用这种方法的各种可能性。

（2）因果发散法——以某个事物发展的结果为发散点，推断造成该结果的各种原因；或者以某个事物发展的原因为发散点，推测该原因可能产生的各种结果。

（3）形态发散法——以事物的形态为发散点，设想出利用某种形态的各种可能性。

（4）材料发散法——以某个物品的材料为发散点，想象出它的各种用途。

（5）功能发散法——以事物的功能为发散点，想象出获得该功能的各种可能性。

（6）结构发散法——从事物的结构出发，想象出利用该结构的各种可能性。

（7）组合发散法——以某事物为发散点，尽可能多地把它与别的事物进行组合，形成新事物。

案例分享

在课堂上，教师要求同学们尽可能地去想象"△"和什么东西相似或相近。

同学们汇总了各种和"△"相似或相近的东西：蛋糕切块、涵洞、山峰、堡垒、置物架、喷水池、橱窗、尼龙秧棚、嫩芽、乌篷船、抛物线、镜片、刀刃、子弹头、树阴、海上日出、弯腰、插秧、拱桥、盾牌、活页本铁夹、云朵、屋顶……

💡 启 示

此处用到的就是发散思维，同学们平时要注重发散思维的训练。

2. 集体发散思维法

训练发散思维时，还可以充分利用周围的无限资源，采用头脑风暴方法，发挥集体的力量，集思广益。

随堂训练

装饮料的塑料瓶除了装饮料和水，还有哪些妙用？分小组开展头脑风暴，比一比哪组想到的用途多。

3. 假设推测法

假设的问题，无论是任意选取的，还是有所限定的，所涉及的都应当是与事实相反的情况，是暂时不可能的或者现实中不存在的事物和状态。由假设推测法得出的结论大多可能是不切实际的，甚至是荒谬的、不可行的，但重要的是有些观念经过转换后，可能成为合理的、有用的思想。

三、侧向思维

（一）侧向思维的概念

侧向思维又称旁通思维，它指的是从其他角度、其他思路得到启发而找到问题解决办法的创新思维方式。侧向思维的要义在于"他山之石，可以攻玉"，借助其他领域的信息、知识、经验，从侧面迂回地解决问题。侧向思维的本质是利用事物间的相互关联性，运用不同寻常的思路解决问题，这就要求思维的主体头脑灵活，善于另辟蹊径。

案例分享

早期的自行车轮子是实心的。这种轮子比较硬，缓解路面冲击力的能力很差，自行车骑起来非常颠簸，让人感觉很不舒服，甚至那时候的自行车被戏称为"震骨器"。英国人邓禄普受花园里浇水用橡胶水管的启发，在他儿子的自行车轮上安装了充气的软胶管，做成了最早的具有实用价值的充气轮胎。后来充气轮胎不断改进，变成了家喻户晓的"邓禄普轮胎"。

💡 启 示

世间万物都是彼此联系的，从别的领域得到的启发，可以打破原有思维定式的束缚，从而另辟蹊径，顺利解决问题。

（二）侧向思维的方法

1. 侧向转换

侧向转换是指将问题转换成其侧面的其他问题，或将解决问题的手段转换为侧面的其他手段，而不是按常规直接解决问题。

2. 侧向移入

侧向移入是解决技术难题或进行产品创新的最基本的思维方式。它是指思考者跳出本领域的思维框架，或者直接移植其他领域成熟的技术、原理并加以利用，或者从其他事物的特征和原理中得到启发，进行创新设想。这种思维方法应用广泛，例如英国植物学家威尔荪根据大雾中抛石子的现象，设计了云雾器；格拉塞根据啤酒冒泡现象提出了气泡室的设想等。这些都是从其他领域进行借鉴，进而创新发明成功的案例。

3. 侧向移出

侧向移出与侧向移入相反，是一种跳出本领域，克服线性思维的思考方式。它指的是将现有的设想、已取得的发明、已有的技术和产品，从现有的使用领域、使用对象中剥离出来，将其外推到其他领域或对象上。

（三）侧向思维的培养

善于观察是侧向思维的重要基础。观察时，除了要注意研究对象，还要注意那些具有偶然性的现象或者出乎意料的现象，这些很有可能就是侧向思维的重要线索。

1. 辩证地看待事物的侧重点

侧向思维要求：即使大方向是正确的，也要注意那些次要的、不起眼的角度。这其实是一种强与弱的辩证，次要即重要，配角即主角，不起眼即起眼。

2. 善于迂回思考

拿破仑有一句名言："我从来不正面攻击一个可以迂回的阵地。"侧向思维往往需要强

制自己去拐弯抹角地进行思考，能否养成迂回思考的习惯，是能否有效地进行侧向思维的
关键。

四、联想思维

（一）联想思维的概念

联想思维简称联想，是一种由一个事物的表象、语词、动作或特征联想到其他事物的
表象、语词、动作或特征的思维活动。它是一种没有固定思维方向的自由思维活动，主要
形式包括幻想、玄想、空想。其中，幻想，尤其是科学幻想，在人们的创造活动中具有重
要的作用。联想思维如图 2.4 所示。

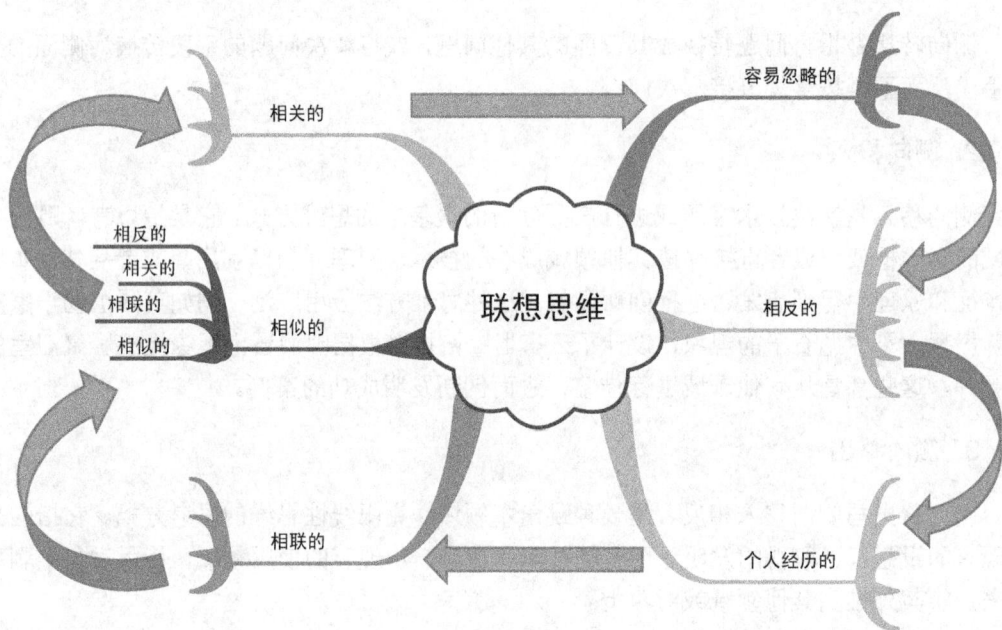

图 2.4　联想思维

（二）联想思维的特征

1. 形象性

联想思维的基本思维操作单元是表象，是形象思维的具体化，是一幅幅画面。因此，
联想思维具有鲜明的形象，显得十分生动。

2. 概括性

联想思维是一种注重整体把握的思维操作活动，具有很强的概括性。它不关注细节，
强调的是快速把联想到的思维结果呈现出来。

3. 连续性

联想思维的主要特征是由此及彼，连续地进行。联想链可以是直接的，也可以是迂回曲折的，而联想链的两端往往是毫不相干的两个事物。

4. 目的性和方向性

联想思维是从一定的思考对象和思考方向出发，有目的地、有方向地联想其他事物。

（三）联想思维的方法

1. 自由联想法

自由联想法是在自由奔放的情况下开展的一种积极主动的联想，具有探索性。例如提及"高速列车"一词，就可以联想到高铁、动车组、车头、车身与安全性能等，还可以联想到高速列车的原理、行驶的速度及如何减少阻力实现高速运行等。研究表明，自由联想越丰富的人，越有可能成功创新。

2. 强迫联想法

与自由联想法不同，强迫联想法是要求联想随意看到的两个事物是否能构成一种新事物。国际知名投资人孙正义在美国留学时，每天都给自己 5 min 时间，从字典里随意找三个名词，然后想方设法把这三个东西组合起来，形成一个新的事物。这种方式使他一年下来，竟然有 200 多项发明，这些发明为他赚到了人生第一桶金，积累了创业的资本。孙正义的成功正是得益于这种强迫联想法。

随堂训练

请将"杯子"和"医学"进行强迫联想，写出杯子有多少种医学用途。

（四）联想思维的培养

联想思维的培养主要包括广泛联系、想象预示、启发提示、类推联想。

1. 广泛联系

广泛联系是指充分利用事物联系的普遍性，从多角度、多层次、多方面出发，实事求是地进行外在联系和内在联系、横向联系和纵向联系，为联想思维的顺利开展铺平道路。

2. 想象预示

想象是从一个点出发，借助一定的媒介和条件，对暂时没有出现而以后可能出现的事物或者现象进行联想。而预示则是对未来的事物和现象进行推测。二者是联想思维的支撑，只有把握事物的内在联系，才能顺利地展开想象，做出积极、准确的预示。

3. 启发提示

启发提示是联想思维的重要手段。启发提示的作用是打开联想的突破口，这个突破口可以是重点、难点或者转化点。如果人们能及时地转换思维角色，在多视角的思考中把握事物、现象之间的联系，并将信息进行梳理和整合，就能将联想思维推至一定的深度。

4. 类推联想

类推是联想思维产生的重要方式，它的重点在于举一反三、触类旁通。也就是在充分认识事物基本概念的基础上，揭示相似或相反的事物。

案例分享

相传鲁班在看到工人们大汗淋漓地砍树时，萌发了一个念头：能不能制造出一种可以轻易把树截断的工具呢？

有一天，鲁班在一段陡峭的山路上行走，脚下一滑差点摔倒，他随手抓住了路旁的一丛茅草，手指被茅草划破，流出了鲜血。鲁班很好奇："为什么小草能划破手指呢？"带着这个疑问他开始观察小草，发现草叶上长着很多锋利的小齿，他试着用这些小齿在手上一划，果然又划开了一道口子。他于是展开联想，利用这一原理，制出了人类历史上的第一根锯条。

💡 启 示

鲁班正是利用了两个事物之间的联系，从茅草割破手联想到用铁质锯条来伐树，二者的共同点是都可以切割东西。

五、聚合思维

（一）聚合思维的概念

聚合思维又叫收敛思维或求同思维，指的是将广阔的思路汇聚起来进行分析、整合，最终形成创新方法的思维方式。聚合思维最重要的作用是从众多可能性中迅速做出判断，得出结论。如图 2.5 所示。

例如以下问题的解决就用到了聚合思维：

（1）鸽子、蝴蝶、蜜蜂与苍蝇有什么共同之处？

（2）海水与江水有什么共同之处？

（3）请说出家中既发光又发热的东西，找出它们的共同点。

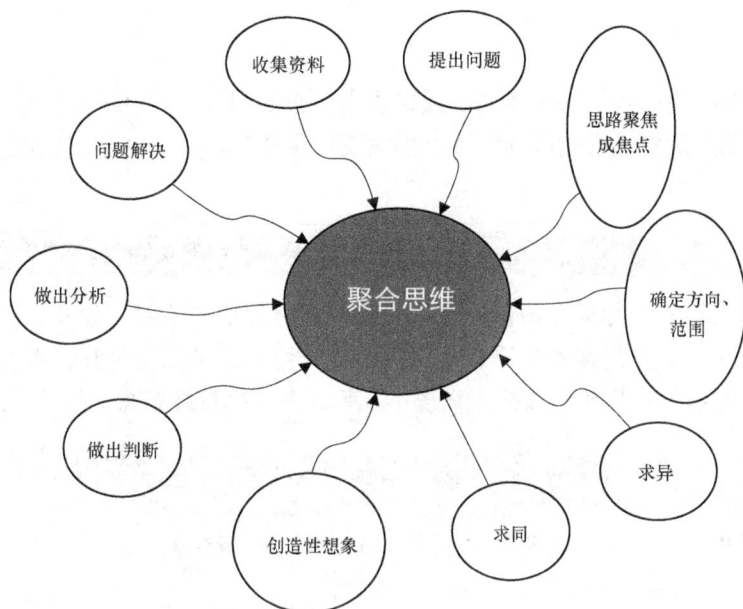

图 2.5　聚合思维

创造性的产物往往是发散思维和聚合思维共同发挥作用的结果。从这个意义上讲，发散思维是聚合思维的基础，而聚合思维是发散思维的出发点和归宿，因此聚合思维是创新思维的重要组成部分。

（二）聚合思维的特征

1. 连续性

发散思维是一种跳跃式的思维方式，是从一个设想跳跃到另一个设想，具有间断性；而聚合思维要求环环相扣，条理性较强，具有连续性。

2. 求实性

发散思维具有流畅性，因而它产生的设想或方案，多数都是不成熟、不实际的。我们必须通过聚合思维对发散思维的结果进行有效筛选。在聚合思维过程中，由于需要按照实用的标准及较强的条理性来思考问题，所以结果往往是切实可行的。因此聚合思维表现出很强的求实性。

3. 封闭性

发散思维是从一个点出发，沿多方向进行发散性思考，因而结果具有多样性。而聚合思维则是把发散思维的多维结果聚集起来，选择一个合理的答案，具有封闭性。

（三）聚合思维的方法

1. 聚焦法

聚合思维在解决问题的特定指向上反复思考，必要的时候甚至可以停顿下来，使原有的思维浓缩聚焦，形成思维的纵向深度，由量变产生质变，顺利地解决问题。

案例分享

隐形飞机是多目标聚焦的产物。这种使敌方雷达监测不到、红外仪及热辐射仪追踪不到的飞机，分别需要实现雷达隐身、红外隐身、可见光隐身、声波隐身等多个目标，同时每个目标还要细分为许多小目标，多目标最终聚焦，制成了隐身飞机。

启 示

聚焦法就是围绕一个点，反复思考，找到解决问题的方法，聚焦法能够让我们通过量的积累，达到质的飞跃。

2. 目标确定法

通常我们遇到的大多数问题都比较明确，只要采用适当的方法，很容易找到解决问题的突破口，但是当面对那些不是非常明确的问题时，就需要我们准确定位，确定目标，认真收集和掌握与思维目标有关的信息，围绕目标进行聚合思维。

3. 求异思维法

寻找一个唯一的条件，这个条件导致一个现象在不同场合出现不同情况，寻找这一条件的过程，就是求异思维法。

4. 求同思维法

寻找一个唯一的条件，这个条件导致一个现象在不同场合反复出现，寻找这一条件的过程，就是求同思维法。

（四）聚合思维的培养

聚合思维的培养步骤与方法如下：

1. 收集信息

收集信息是聚合思维的前提，为此应当采取各种方法，收集和掌握与思维目标有关的信息，多多益善，这样才有可能得出正确的结论。

2. 整理和筛选信息

整理和筛选信息是聚合思维的关键步骤。对所收集的各种信息进行分析，识别出它们与思维目标的关联程度，保留重要信息，淘汰无关或关系不大的信息。整理和筛选后，还要对各种信息进行抽象、概括、比较、归纳，从而找出它们共同的特性和本质。

3. 得出科学结论，获得思维目标

实践是检验真理的唯一标准，结论的得出应当遵循事物的客观规律，最终得出的结论应是科学、正确的聚合思维目标。

六、互联网思维

（一）互联网思维的概念

互联网思维，是伴随信息时代的发展而产生的一种新的思维方式，它是在移动"互联网+"、大数据、云计算等科技不断发展的背景下，对产品、用户、市场、企业价值链，乃至对整个商业生态进行重新审视的思维方式。

最早提出互联网思维的是百度创始人李彦宏。李彦宏在百度的一个大型活动中，与传统产业的老板、企业家探讨发展问题时，首次提到了"互联网思维"这个概念。他认为，即使你的工作不属于互联网领域，但是今后你一定要从互联网的角度去想问题。

随堂训练

万科企业股份有限公司创始人王石说："淘汰你的不是互联网，而是你不接受互联网，是你不把互联网当成工具跟你的行业结合起来。最终淘汰你的是你的同行，他们接受了互联网，把互联网跟自己做的事情结合起来，淘汰了你。"

💡 思 考

你生活中有哪些事情是与互联网密切相关的？

互联网思维分为以下三个层级：
（1）层级一：数字化。互联网可以降低成本，提高效率。
（2）层级二：互联网化。利用互联网改变运营流程，例如网络营销。
（3）层级三：互联网思维。用互联网主动融合传统的实体产业。

（二）互联网思维的特征

1. 快速

拥有互联网思维的企业，能迅速抓住机遇，掌握竞争的主动权。具体表现为决策快速、产品更新换代快速、创新快速、组织变革快速，以及具有快速的市场反应能力。

2. 用户至上的口碑效应

互联网经济崇尚"用户就是上帝"，互联网不同于传统企业，很多服务不但不需要付费，而且追求很高的质量，甚至付费让用户体验。正是这种商业模式，汇聚了海量用户，带来了口碑传播，取得了成功。

案例分享

湖南电视台推出的原创声音魅力竞演秀节目《声临其境》，火爆程度对湖南电视台来说是始料未及的。在开播前，这档节目很少有人知道，但是开播后，这档节目的曝光率直线上升，演员们扎实的台词功底、敬业的娱乐精神，在给观众带来感动的同时，也传播了正能量。许多看过这档节目的观众，都毫不吝啬自己的好评，也带动了各大平台上粉丝的激烈讨论，影响了周围更多的人主动去搜索观看该节目。

💡 启 示

《声临其境》的成功，证明了在互联网媒体时代，做良心节目、内容至上的说法没有过时。这个节目之所以能营销成功，正是因为好内容带来了口碑传播。

3. 开放性

开放性是互联网思维的重要特征。运用互联网思维的企业都具有开放性，开放的最终目的是有效整合内外部资源，提高企业竞争力。

4. 创新性

创新是互联网思维的重要内容，不仅包括产品创新、技术创新，还包括服务模式创新、体制机制创新、文化创新和商业模式创新，更重要的是观念创新。

拓展活动

主　　题：培养创新意识，提升应用创新思维方法的能力。

目　　标：认知和提高自己的创新思维能力。

建议时间：30 min。

活动过程：

（1）5~7人一组，每组找 1~2 个广告，批判地分析广告作品，思考并讨论：如果让你策划这个广告，你会怎样构思？

（2）将讨论结果进行汇总，并在全班进行展示汇报。

（3）教师对讨论结果进行总结。

思考与讨论

1. 简述发散思维的方法。

2. 结合自身体会，谈谈自己对各种创新思维方法的认识。

3. 举例说明你如何使用逆向思维解决生活中的常见问题。

3

模块三

创新技法

名言警句

在科学上，每一条道路都应该走一走。发现一条走不通的道路，就是对科学的一大贡献。

——爱因斯坦

学习目标

1. 了解并掌握几种常见的创新技法。
2. 能熟练运用创新技法，根据所学专业尝试创新身边的事物。
3. 培养自己的创新习惯，养成符合自身特点的创新品格和精神。

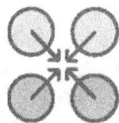

主题一
组合创造法

一、组合创造法概述

组合创造法是按照一定的技术原理或功能目的，将两个或多个元素进行组合或重新安排，得到新技术、新工艺、新产品、新材料的创新方法。组合创造法是常见的创新方法。目前大多数创新成果都是通过这种方法取得的。

二、组合创造法的实施步骤与实践应用

组合创造法是将多种因素通过建立某种关系组合在一起，从而形成组合优势的方法。

组合创造法包括三个步骤：第一步是确定需要组合的因素，第二步是确定按照何种关系将需要组合的因素组织在一起，第三步是预期达到何种程度的效果。

1. 功能组合

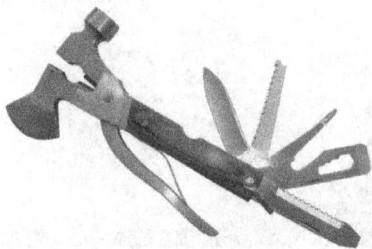

图 3.1　瑞士军刀

功能组合是把不同物品的不同功能、不同用途组合到一个新的物品上，使之具有多种功能和用途。例如带橡皮头的铅笔是铅笔的书写功能和橡皮的擦除功能的组合，按摩椅是按摩功能和椅子功能的组合，瑞士军刀是多种工具功能的组合（如图 3.1 所示），磁性水杯是保健功能与水杯本身盛水功能的组合。

案例分享

"指南针地毯"的问世

指南针和地毯原本是互不相干的两样东西，但是比利时的一个商人却把它们结合在一起，从而大赚了一笔。信仰伊斯兰教的人每天都会祈祷，无论是在家、在办公室还是在旅途中，都会守时不辍。他们在祈祷时有一个特点，就是一定要面向圣城麦加。这位聪明的比利时商人就将扁平的指南针嵌入祈祷用的地毯。指南针指的方向不是正南正北，而是指向圣城麦加的方向。这款产品一经推出，就在伊斯兰教地区成了抢手货。

💡 启 示

巧妙组合，理念创新，才能产生有价值的事物。

2. 构造组合

把两种事物组合在一起，它便有了新的结构，并产生新的实用功能。例如房屋与汽车组合产生房车，不仅可以作为交通工具，还可以作为居住的场所。

3. 成分组合

将两种不同成分的物质组合在一起，构成一种新的产品。例如柠檬和红茶组合在一起变成柠檬茶；调酒师将各种不同成分的酒组合，调制成鸡尾酒。

4. 意义组合

意义组合指的是经过组合后的东西功能不变，但被赋予了新的意义。例如把奥运会吉祥物转印在邮票上生成纪念邮票；一本著作有了作者的亲笔签名，意义便截然不同。

随堂训练

有以下三个镜头画面：

（1）一个躺着的病人，脸色煞白，气喘吁吁；

（2）医生给病人注射治疗；

（3）病人在医院中散步。

🔆 **思 考**

请对画面进行不同的顺序组合，思考其含义有何区别。

5. 同类组合

把原理和结构相同的两种物品组合在一起，产生一种新产品。例如将两个或多个圆珠笔芯组合在一起，构成双色或多色圆珠笔；将几个相同的衣架组合在一起，构成多层挂衣架；两只手表组合在一起，成为情侣对表。

案例分享

1. 库里肖夫实验 1

一般来说，单个镜头是不能独立用来叙事或表意的，意义的产生是通过几个镜头组接成的镜头段落实现的。镜头是画面语言的基本元素，本身并没有完整的意义，因此要依据上下镜头的连接来完成表达任务。

苏联电影导演库里肖夫用一位著名演员的、无表情的脸部特写作为基本画面，设置了三个不同的组合。

第一个组合：演员—桌上摆了一碗汤。

第二个组合：演员—一个小孩玩狗熊玩具。

第三个组合：演员—一个躺在棺材里的老妇人。

他把三个不同的组合放映给不明真相的观众看，观众看后赞扬演员表演得好。说他对着汤表现出饥饿难忍，对着玩具表现得兴高采烈，对着棺材表现出悲痛欲绝。造成观众这种情绪反应的，是两个画面的结合，因为不同的画面组接会引起观众不同的想象，产生不同的效果。

2. 库里肖夫实验 2

镜头组接排列的顺序对画面语言的意义表达会产生重要影响。库里肖夫用三个同样的画面，用不同的排列顺序，产生了不同的效果。

第一个组合：微笑的脸；

手枪对着他；

惊惧的脸。

第二个组合：惊惧的脸；

手枪对着他；

微笑的脸。

第一个组合给观众的印象是这个人很怯懦，而第二个组合则给人以勇敢的印象。三个画面也就是三个视觉元素、视觉单位，只是调换了一下位置，便产生截然相反的效果。

从这个实验可以看出，同样的镜头，如果用不同的顺序进行组接，它们所表达的意义是不同的。表达不同意义的依据，实际上就是生活中的逻辑关系。人们为了表达不同的意图、不同的思想，通过蒙太奇对镜头进行不同组合，就会形成不同的逻辑关系。

☀ 启 示

苏联导演谢尔盖·爱森斯坦曾说："两个接合的镜头并列着不是简单的一加一，而是一个新的创造。"这就是所谓的"1+1＞2"。在这里，"1+1＞2"是因为镜头与镜头之间已形成了关系，产成了新含义。

三、组合创造法的使用技巧与方法

爱因斯坦说，找出已知装备的新组合的人就是发明家。任何一项新技术、新装置的发明，都是在已有装备的基础上组合而成的。构成每项创新产品的多个组成部分，至少部分零件是前人发明的。因此，可以通过一定的组合方式，创造出全新的系统，在使用组合创造法时需要注意以下问题：

（1）组合产品的功能不宜太多。组合可以使新产品具有多种用途、多个功能，但不是功能越多越好。过于追求万能，不仅增加成本，制造困难，而且会造成功能多余。

（2）组合部件数量要适量。部件越多，组合的难度越大，消耗的时间和精力就越多。

（3）组合部件差异性越大越好。组合部件的功能交集越少，构成新产品的创造性就越强。

拓展活动

主　　题：设计一组镜头画面，通过画面组合的顺序与元素的不同表达不同的含义。
目　　标：对组合创造法进行灵活的应用。
建议时间：30 min。
活动过程：
（1）教师将学生分组，每组 3～4 人。
（2）各组同学内部讨论，互相点评，感受镜头的意义。
（3）每个组员写出方案，其他组员进行点评，并互相帮助，修改完善。
（4）每个组选出一个代表进行汇报，教师进行点评和总结。

思考与讨论

1. 找出身边利用组合创造法的创新案例。
2. 思考日常生活中利用组合创造法所形成的产品是否可以继续改进，并提出改进方案。

列举法

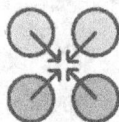

目标要求

知识：了解列举法的特点和适用范围，掌握列举法的技巧与方法。

能力：能够运用列举法进行个人及集体创新活动。

素质：能够通过列举法，培养想象力，活学活用创新技法。

热身活动

《乌鸦喝水》是《伊索寓言》中的一个寓言故事。它讲述的是一只乌鸦喝水的故事，启发人们：在遇到困难时，要运用智慧认真思考，只有这样才能让问题迎刃而解。

请思考一下：这个故事中运用到的创新技法有哪些？

一、列举法概述

列举法是运用发散思维来克服思维定式的一种创新方法，它是在属性列举法的基础上形成的。列举法运用分解和分析的方法，将革新对象的特点，借助具体事物的特定对象（如特点、优缺点等）从逻辑上进行分析，并将其本质内容全面地、一一地罗列出来，再针对列出的项目进一步提出改进措施，最终形成独创性设想。分解是指将研究对象分成若干互不重叠的部分。按照分解对象不同，列举法可分为物体分解法、程序分解法和目标分解法等。按照分析对象不同，列举法可分为优点列举法、缺点列举法、属性列举法、希望点列举法等。

二、列举法的实施步骤与实践应用

1. 优点列举法

优点列举法是指逐一列出事物优点，进而探求解决问题的方法和改善事物的对策。优点列举法可分为以下三个步骤：

第一，列举事物的优点。

第二，对优点进行分类整理，找出优点存在的原因。

第三，根据原因找到发挥优点的更好方案。

实施优点列举法的主要途径有用户意见法、会议列举法、对比分析法等。

2. 缺点列举法

缺点列举法是与优点列举法相对的，它通过对事物缺点的分析，发现、发掘事物的缺陷，把事物的缺点一一列举出来，针对这些缺点，提出改进方案。缺点列举法可分为以下三个步骤：

第一，列举事物的缺点。

第二，对缺点进行分类整理，找出缺点存在的原因。

第三，根据原因找到解决问题的办法。

缺点列举法的应用面非常广，它不仅有助于革新某些具体产品、解决产品开发的硬技术问题，而且还可以应用于管理中，解决属于"事"一类的软技术问题。

随堂训练

美津浓公司原先是生产体育用品的一家小厂，为了扩大产品销量，厂里的开发人员到市场上进行调查。他们在调查中发现网球初学者在打球时不是打不到球，就是打"触框球"。于是美津浓公司就专门做了一些比标准球拍大30%的初学者球拍。后来他们又了解到，初学者打网球时，手腕容易得一种皮炎，这种病被人们称为"网球腕"。于是美津浓公司就决定改进球拍材料，最初用的是发泡聚氨酯，但是经过试验，发现打起球来软塌塌的，很容易使手腕疲劳。于是又重新进行了试验，终于制成了有名的"减震球拍"。

💡 思 考

指出一种常见商品的缺点，并思考可能的改进方法。

3. 属性列举法

属性列举法是通过对革新对象进行观察分析，列出该对象的各种不同的特征或属性，然后确定改进方向、实施改进措施的创新思维方法。

　　属性列举法主要强调在创造的过程中观察和分析事物的属性并进行联想，然后针对每一个属性提出可能的改进方法，或改变某些特质，如大小、形状、颜色等，使产品产生新的用途。属性列举法可分为以下四个步骤：

　　第一，确定目标明确的创意对象。

　　第二，将创意对象的特征或属性一一列举出来，如物理特性、化学特性、结构特性、功能特性、形态特性等。

　　第三，从实际需要出发，对所列举的属性进行分析，通过与其他事物进行对比，利用替代方法对原属性进行改造，提出具有独创性的方案。

　　第四，提出改进方案，并对新方案进行评价。

　　属性列举法是一种创意思维策略，它强调人们在创造的过程中，先观察和分析事物或问题的属性特征，然后再针对每项属性特征提出相应的改良或改变的构想。

案例分享

　　某企业需要改良旗下的一款产品：锅。乍一看锅太普通，没有什么可以改进的。但通过使用属性列举法可以把锅的构造和性能按要求一一列出，再逐一检查后确定改良方向，就会使人豁然开朗，提出新的构思，例如不粘锅、汤锅、煎锅等均是将锅的某一个属性优化而生产出的创新性产品，而电饭煲则是加热方式属性的创新。利用属性列举法进行创新过程如下：

　　（1）名词特性

　　整体：锅。

　　部分：锅身、锅盖、锅把手、锅底。

　　材料：铁、不锈钢、塑料、玻璃、组合材料。

　　制作方法：浇铸、硬模等。

　　（2）形容词特性

　　锅的颜色：各种各样。

　　图案：各种各样。

　　锅的高低、大小均可不同。

　　（3）动词特性

　　功能特性：煎、炖、炒、炸、烤等。

💡 启 示

　　一是根据名词特性——整体、部分、材料、制作方法等进行区分。

　　二是根据形容词特性——颜色、图案、高低等进行区分。

　　三是根据动词特性——功能特性进行区分。

4. 希望点列举法

希望点列举法是列举创新对象所希望达到的预期目标或效果的方法。希望点往往是从事物所存在的缺点转化而来的，由于对某事物某些方面不满意，因而产生"希望可以""怎样才能更好"的理想和愿望，进而形成希望点。希望点列举法的特点是要求运用发散思维去发现问题、解决问题。有时非专业人员的参与还可以起到激发新思想的效果，例如软件测试方法"黑盒测试"中的穷举用例，可以邀请非专业人士参加；游戏在正式上线前的公测，也是一种希望点列举法的应用。

希望点列举法是启发人们产生新设想的有效工具，它能够让人们在较短的时间内通过使用逆向思维、求异思维、横向思维等思维方法去发现问题和提出问题。人们通过不断地提出理想和愿望，然后针对这些理想和愿望，寻找解决问题的对策，以及实现这些理想和愿望的方法。

希望点列举法可分为以下三个步骤：

第一，列举研究对象的希望点。

第二，对希望点进行分类整理，区分短期希望和长期希望。

第三，对合理的设想进行完善，形成方案并实施。

三、列举法的使用技巧与方法

无论列举的元素及属性与现实的距离有多远，只要是能对实现目标的想法、装置、产品、系统或问题的重要部分提出可能的改进方案，都是可以接受的。列举要尽可能地穷尽。

列举法的步骤是先确定主题，再列举主题的"点"，而后根据选出的"点"考虑实现方法。采用列举法时需要注意以下几点：

（1）列举时一定要注意打破思维定式。

（2）采用列举法时要采纳"不实际"的意见，然后用科学、实用的视界进行评价，不要轻易放弃。

（3）列举的"点"必须与人们的需求相符合，按照需求创造出来的新事物才能更容易得到认同。

列举法的实施过程如图 3.2 所示。

問題意识 → 列举问题 → 选择问题 → 分析问题 → 解决问题 → 创新成果

图 3.2　列举法的实施过程

拓展活动

主　　题：找出在学校里经常使用的物品，使用缺点列举法，提出改进方案。

目　　标：对列举法进行灵活的应用。

建议时间：30 min。

活动过程：

（1）教师将学生分组，每组 3～4 人。

（2）每组同学找到一个物品，一起讨论，互相点评。

（3）每个组员写出各自的改进方案，其他组员进行点评，并互相帮助，修改完善。

（4）每个组选出一个代表进行汇报，教师进行点评和总结。

思考与讨论

1. 找出身边利用列举法创新的创新案例。

2. 思考身边的哪些产品可以利用列举法进行改进，并提出改进方案。

和田十二法

知识：了解和田十二法的特点和适用范围，掌握和田十二法的使用技巧与方法。

能力：能够运用和田十二法进行个人与集体创新活动。

素质：培养活学活用的创新精神。

讨论：在产品创新发展中，如何对待功能相同的产品？是保留还是去除？

一、和田十二法概述

和田十二法，也称和田十二技法，是由我国学者许立言、张福奎和上海市闸北区和田路小学师生在奥斯本检核表法的基础上，借助其基本原理，结合实际情况，加以创造而提出的一种思维技法。它所采用的技法为：加一加、减一减、扩一扩、缩一缩、改一改、变一变、搬一搬、联一联、学一学、代一代、反一反、定一定。这些技法通俗易懂，简单易行，便于推广，尽管有所交叉，但仍各有侧重。多年来的实践证明，和田十二法相当有效，具有推广价值，对创业初始者尤其适用。

二、和田十二法的实施步骤与实践应用

1. 加一加

加一加指在原有事物的基础上，对其形态、尺寸等进行改进，把原有事物加大、加长、

加高、加宽等，从而使原有的功能增多、使用效率增强、使用效果更好。从某种程度上讲，它与组合创造法有异曲同工之妙。例如，将鞋的后跟加高，创造出高跟鞋；将公共汽车加高、加层，创造出双层巴士。

2. 减一减

与加一加相反，减一减是将原有事物不必要的部分和功能减掉，使原有事物减小、减短、减低、减窄等，从而增强主要功能的使用效果或降低成本。例如把眼镜镜片减小，又减去镜架，创造出贴在眼球上的隐形眼镜；将成人篮球架降低一些，篮框减小一点，创造出儿童用篮球架。

3. 扩一扩

扩一扩就是将原有事物的功能、用途、使用领域等进行扩大，使其功能发生明显变化。例如将雨伞的伞盖扩大，创造出可以两人用的情侣伞，再扩大创造出海滨游乐场的晴雨两用伞；把电影的银幕加宽变成宽银幕。

4. 缩一缩

缩一缩是指将原有物体的体积缩小一点、长度缩短一点等。例如将词典、收音机、洗衣机等的体积压缩，变成袖珍词典、袖珍收音机、迷你洗衣机；把伞柄由一节改为两三节，可以收缩，以便于携带，变成折叠伞；将计算机功能集成于手机，变成智能手机。

5. 改一改

改一改是对原有事物的形状、结构、性能进行改进，使之出现新的形态、新的功能；对现有的做法进行整改，使其变得更好。现代科学技术的发展，使物品向自动化、简单化、轻便化、效率化、实用化、美观化方向改进，不断创造出新的产品。通过这种方法可以实现产品的不断更新换代。例如，将机械手表改成电子手表。

随堂训练

一般的水壶在倒水时，由于壶身倾斜，壶盖容易掉，导致水蒸气溢出烫伤手。成都市的中学生田波想了个办法克服水壶的这个缺点。他将一块铝片铆在水壶柄后端，但又不太紧，使铝片另一端可前后摆动。倒水时，壶身前倾，壶柄后端的铝片也随之向前摆，顶住壶盖，使它不能掀开。水倒完后，水壶平放，铝片随之后摆，壶盖又能方便地打开了。

💡 思考

你的日常生活用品中，有没有可以改一改的？

6. 变一变

变一变指改变原有事物的形状、颜色、时间、顺序、滋味、场合、对象、方式等，或者改变原有的观念、工作方法等。它使人有一种新感觉，能更好地适应不同的社会发展阶段。不少产品的升级就是运用这种方法，年年在变，不断满足消费者的需求。例如，服装的面料、款式、颜色、图案，每年都在变化。

7. 搬一搬

搬一搬就是把事物的某个部件搬动一下，创造出一种新的物品，产生新的功能。这种方法在很大程度上蕴含着某一工艺技术的应用。例如把电动机搬到各种各样的机械上，可以创造出许多新的电器产品，制成电吹风机、电风扇、吸尘器、面包机等。再比如，北京是我国的政治、经济、文化中心，其建设管理在不断取得成绩的同时，也面临很多令人揪心的问题，主要表现在集聚了过多的人口和功能，经济社会各要素处于"紧平衡状态"。为了坚持和强化北京的首都核心功能，把一些功能搬到河北、天津去，疏解北京的非首都功能，降低北京人口密度，促进经济社会发展与人口资源、环境相适应。

8. 联一联

联一联是指观察原因和结果有何联系，这是联想思维的应用。例如在澳大利亚，有人将一块土地甘蔗产量提高与甘蔗栽种前一个月撒落的水泥联系起来，发现水泥中的硅酸钙改良了土壤的酸性，从而导致甘蔗增产，于是人们研制出了改良酸性土壤的"水泥肥料"。

9. 学一学

学一学就是通过学习、模仿其他事物的形状、结构、规格、方法、色彩、性能、功能、动作等实现创新。例如人们模仿鸟的飞行发明了飞机；鲁班模仿小草叶子边缘的小齿发明了锯子。

10. 代一代

代一代就是用别的工具、材料、方法代替现有的工具、材料、方法，实现新陈代谢、更新换代，创造出越来越多的新材料、新工具、新方法、新商品。例如用塑料或玻璃钢代替金属制造水壶；用电子计算机代替算盘进行计算；曹冲称象用石头的重量代替大象的重量（如图 3.3 所示）。

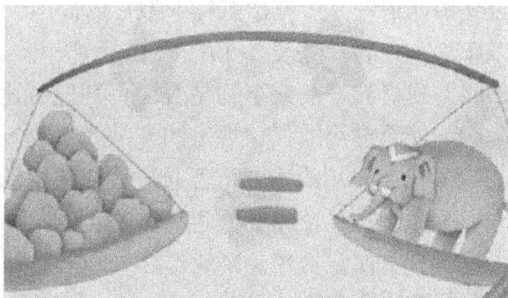

图 3.3 曹冲称象

11. 反一反

反一反是一种逆向思维法，它把某一物品的形状、方向、性质、功能进行颠倒，创造出新的物品。许多情况下，将老产品左右、前后、上下、里外、横竖反一反，就能变成新商品。例如正反两面可以穿的衣服；衬衫领由大尖领改为小方领，成为新式衬衫；手机正反面都装摄像头。

12. 定一定

定一定是指对新产品或事物定出新的标准、型号、顺序，或者为改进某种事物及提高工作效率和防止不良后果做出的一些新规定。例如现在的行业新标准、虚拟现实标准、人工智能标准、3D 打印标准，以及交通法规中红灯停、绿灯行、黄灯等待通过的规则等。

随堂训练

语音技术和语音交互模式已经在输入法中被大量应用，但键盘作为输入设备依旧重要。

苹果公司发布的几个与键盘有关的专利，从 MacBook Pro 键盘有争议的创新，到取消 iPhone Home 键物理交互的激进创新，苹果公司一直都在寻找推动键盘改革的方法。

思考

对于苹果公司的键盘创新，你有什么好的建议？

三、和田十二法的使用技巧与方法

和田十二法是对奥斯本检核表法的一种继承，也是一种大胆的创新。奥斯本检核表法是以该技法的发明者奥斯本命名的一种创新技法，它按照事物的 9 个方面依次提出问题，将设计的课题向 9 个方面进行发散，以提出创造性构想的方法。奥斯本检核表中的问题涉及以下 9 个方面（见表 3-1）：

（1）现有的产品或事物是否还有其他用途？是否稍加改进就能扩大它的用途？

（2）能否借用或模仿现有的产品或事物？

（3）现有产品或事物可否通过改变获得新品？

（4）现有产品或事物能否扩大？

（5）现有产品或事物能否缩小？

（6）现有产品有无替代产品？

（7）现有产品能否重新调整？

（8）现有产品或事物可否颠倒？

（9）现有产品或事物可否组合？

表 3–1 奥斯本检核表

序号	检核项目	含 义
1	能否他用	现有的发明、材料、方法等有无其他用途？ 稍加改变，有无新的用途？ 能否从别处得到启发？
2	能否借用	能否借用别处的经验或发明？ 外界有无相似的想法？能否借鉴？ 过去有无类似的产品？是否有元素可供模仿？ 现有的发明能否引入其他的设想之中？
3	能否改变	现有的事物能否做出某些改变？改变一下会怎么样？ 能否改变一下形状、颜色、声音、味道？ 能否改变一下型号、意义、模具、运动形式？ 改变之后，效果又将如何？
4	能否扩大	现有的事物能否扩大使用范围？ 能否增加一些项目？ 能否添加部件、增加长度、提高强度与价值？
5	能否缩小	缩小一些会怎样？ 现在的产品能否缩小体积、减轻重量、降低高度？ 能否省略？ 能否进一步细分？
6	能否替代	能否由其他事物或人工代替？ 能否用别的材料、方法、工艺、能源代替？ 能否选取其他地点？
7	能否调整	能否调换元件、部件？ 能否更换一下先后顺序？ 能否用其他型号？ 能否改成其他安排方式？ 原因与结果能否对换位置？ 能否变换日程？
8	能否颠倒	能否上下颠倒？ 能否对换位置？如左右、前后、里外、正反互换
9	能否组合	能否组合？ 能否综合各种想法？ 能否组合各种部件？

和田十二法的每种方法均可以利用奥斯本检核表法来统计和归纳，形成每个技法的表格。和田十二法的核心是通过变化来改进，其基本做法如下：

第一，选定要改进的产品或方案。

第二，对需要改进的产品或方案，从某一角度提出一系列的问题，并由此产生大量的思路。

第三，根据第二步提出的思路，进行筛选和进一步思考、完善。

和田十二法中每一种方法侧重于某一个思考的角度，强调某一个方向。但对内涵、界定并非十分严格，而且不少创新是对多种技法的综合运用或连续运用的结果，因此在创新的过程中不必对某一方法过于执着。

拓展活动

主　　题：收集和田十二法的案例，每个技法提供一个以图片形式展示的例子，并配以适当文字进行解释。

（1）加一加　　　（2）减一减　　　（3）扩一扩　　　（4）缩一缩

（5）改一改　　　（6）变一变　　　（7）搬一搬　　　（8）联一联

（9）学一学　　　（10）代一代　　　（11）反一反　　　（12）定一定

目　　标：对和田十二法进行灵活应用。

建议时间：90 min。

活动过程：

（1）教师将学生分组，每组为4人。

（2）每组每个同学写出3项方案，小组合计为12项方案。

（3）在组内讨论各自的方案，组员互相点评，并互相帮助完善。

（4）每组选出一个代表进行汇报，教师进行点评和总结。

思考与讨论

1. 找出身边利用和田十二法的创新案例。

2. 思考身边的哪些产品可以利用和田十二法继续改进，并提出改进方案。

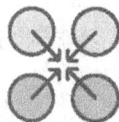

知识：了解头脑风暴法的特点和适用范围，掌握头脑风暴法的使用技巧与方法。

能力：能够运用头脑风暴法进行个人及集体创新活动。

素质：有意识地运用头脑风暴法，培养创新意志品格。

灯和开关分别在不同的房间。一个房间里有甲、乙、丙三盏灯，另一个房间里有控制这三盏灯的 A、B、C 三个开关。已知每个开关只控制其中一盏灯，现在三盏灯都是关着的，假如只能进这两个房间各一次，你能正确判断各个开关分别控制哪盏灯吗？

一、头脑风暴法概述

头脑风暴法又称智力激励法、BS 法，它通过小型会议的组织形式，让所有参加者在自由愉快、畅所欲言的气氛中，自由交换想法或点子，并以此激发与会者的创意及灵感，使各种设想在相互碰撞中激起脑海的创造性"风暴"。头脑风暴法的核心是集智，就是把众人的潜在智慧激发出来，汇聚到一起，唤起更多、更新颖的创造性设想。

头脑风暴法分为直接头脑风暴法和间接头脑风暴法。前者是在专家群体决策时尽可能地激发每个人的创造性，产生尽可能多的设想；后者则是对前者提出的众多设想、方案进行逐一质疑，为决策者分析设想的可行性提供反面例子。

二、头脑风暴法的实施原理与实施步骤

（一）实施原理

头脑风暴法之所以能激发创新思维，主要是因为以下几点：

（1）个人欲望。当进行集体讨论时，如果没有任何干扰和控制，每个人都能畅所欲言，就能提出大量的创新观念。

（2）竞争意识。心理学研究表明，人类有争强好胜的心理。在有竞争意识的情况下，心理活动效率可增加50%，甚至更多。当头脑风暴时，人人都争先恐后，竞相发言，不断地开动脑筋，力求提出独到见解和创新观念。

（3）热情感染。集体开会讨论时，如果没有任何限制，每个人的热情都会受到激发。在会上，与会者畅所欲言，相互影响，相互感染，能形成讨论热潮，这样能使人打破传统观念的束缚，最大限度地进行创造性思维。

（4）联想反应。联想是产生新观念的基本过程。在集体讨论问题的过程中，每提出一个新的观念，都能引发他人的联想，相继产生一连串的新观念，产生连锁反应，形成新观念堆，为创造性地解决问题提供更多的可能性。

随堂训练

马路对面的草地上有许多美味的虫子，但是马路被晒得很烫，小鸡难以在上面行走，而且还有许多来来往往的汽车，威胁着横穿马路的小鸡的安全。

假设大家是一群聪明的小鸡，请每个人说出吃到马路对面虫子的好办法。

（二）实施步骤

头脑风暴法往往通过召开会议的形式进行，实施可分为以下5个阶段：

1. 准备阶段

准备阶段主要是确定主持人、参与人和会议主题。主持人应熟悉头脑风暴法的基本原理、原则、程序和方法，对会议的议题比较熟悉，能灵活处理会议中出现的各种情况，保证会议在愉快的气氛中进行。参与人一般以5～10人为宜，参与人专业结构要合理，应熟悉会议议题，有丰富的专业知识，同时也应选少量的外行参加。为确保会议讨论的议题单一、明确，可将复杂议题进行分解、分次讨论。在准备阶段，要提前将会议主题通知与会

者，便于与会者熟悉议题，提前酝酿解决问题的设想，同时还要安排记录员，记录与会者在会上提出的设想。

2. 热身阶段

热身阶段的目的是创造一种自由、宽松、愉悦的氛围，让大家心情放松，进入一种无拘无束的状态。主持人宣布开会后，先说明会议的规则，然后随便谈点有趣的话题，或提出有趣的问题，使会场尽快形成轻松、活跃的氛围，让与会者尽快进入头脑风暴状态。如果主持人所提问题与会议主题有某种联系，便能轻松自如地导入会议议题。

3. 问题提出阶段

主持人简明扼要地介绍会议要解决的问题，介绍一定要简洁、明确，否则会因过于详细而限制与会者的思维，干扰思维创新的想象力。

4. 畅谈阶段

畅谈是头脑风暴法的重要环节，是决定头脑风暴法能否成功的关键。为了使大家能够突破种种思维障碍，摆脱心理束缚，畅所欲言，需要遵循以下规则：

（1）不妨碍、评论他人发言，每人只谈自己的想法。

（2）不要私下交谈，以免分散注意力。

（3）发表见解时要简明扼要，一次发言只谈一种见解。

（4）与会者不分职务高低，一律平等。

主持人开会前先向大家宣布这些规则，随后引导大家自由发言、自由想象、自由发挥，使彼此相互启发、相互补充，真正做到知无不言、言无不尽。

5. 整理阶段

会议结束后，主持人向与会者了解会后的新想法、新思路，并将其补充进会议记录，然后将大家的想法进行筛选并整理成若干方案。经过反复比较和优中择优，最后确定1～3个最佳方案。这些最佳方案往往是多种创意的优势组合，是大家集体智慧综合作用的结果。

三、头脑风暴法的使用技巧与方法

一次成功的头脑风暴，除了程序上的要求之外，更为关键的是探讨方式、与会者心态上的转变，即充分的、非评价性的、无偏见的交流，具体可归纳为以下几点：

1. 时间原则

头脑风暴法的会议时间一般控制在一小时以内，最多不超过两小时。如果与会者多，可按实际情况执行。

2. 自由畅谈

参加者不应该受到任何条条框框的限制，应放松思想，从不同角度、不同层次、不同方位，大胆地展开想象，尽可能地标新立异，提出独创性的想法。

3. 延迟评判

当场不对任何设想做评价是头脑风暴法应该遵循的一个原则。既不能肯定某个设想，又不能否定某个设想，也不能对某个设想发表评论性的意见，一切评价和判断都要等会议结束以后进行。这样做，一方面是为了防止评判约束与会者的积极思维；另一方面是为了集中精力开发设想，避免把后续工作提前进行，影响创造性设想的产生。

4. 禁止批评

绝对禁止批评是头脑风暴法应该遵循的另一个重要原则。参加头脑风暴会议的每个人，都不得对别人的设想提出批评意见，因为批评无疑会对创造性思维产生抑制作用。带有批评性质的意见会破坏会场气氛，影响自由畅想。

5. 追求数量

头脑风暴会议的目标是获得尽可能多的设想，追求数量是它的首要任务。参加会议的每个人都要抓紧时间多思考，多提设想。至于设想的质量问题，自可留到会后的方案处理阶段去解决。在某种意义上，设想的质量和数量密切相关，产生的设想越多，其中的创造性设想、可行性的设想就可能越多。

拓展活动

主　　题：大学生社团如何开展创新活动。
目　　标：对头脑风暴法进行灵活的应用。
建议时间：30 min。
活动过程：
（1）教师将学生分组，每组 6～7 人为宜。
（2）各组选出一名主持人。
（3）活动开始，教师宣布头脑风暴的原则及注意事项。

（4）主持人公布议题，与会者畅所欲言，按照头脑风暴法的实施步骤进行。

（5）各组主持人汇报讨论结果。

（6）教师对各组的设想及看法进行点评。

思考与讨论

1. 班委会可以考虑围绕班级的一项工作，进行头脑风暴讨论。

2. 思考哪些事情可以使用头脑风暴法，哪些事情不适合。

创业篇

4

模块四

创业素质

名言警句

每个人都想得到社会的认同，得到别人的尊重，都想展现自我价值，那么创业无疑是一条最好的道路。

——海尔集团董事局主席　张瑞敏

学习目标

1. 了解创业的意义、内涵及基本特征，掌握创业的基本内容。
2. 了解创业素质的基本构成，了解创业精神、创业者和创业团队，掌握创业素质的培养途径与方法。

知识：了解创业的本质与类型，了解职业院校学生的创业现状。

能力：提升创业能力。

素质：能够树立正确的创业意识。

2004 年有 4 位诺贝尔奖获得者应邀到北京演讲。演讲结束后，他们留出 10 min 时间让现场听众提问。但全场 1 000 多人竟没有一个人提出任何问题。这让 4 位演讲者大惑不解："难道我们的理论那么完美吗？怎么会一点问题都没有？太不可思议了。"

思考：如果你在现场听演讲，你会提问吗？为什么？

一、创业的本质与类型

（一）创业的本质

创业是创业者对自己拥有的资源或通过努力能够拥有的资源进行优化整合，从而创造出更大经济或社会价值的过程。创业有广义和狭义之分。广义的创业是指通过创业者的努力，在学习、工作、事业中发生较大变化，取得较大成就，并实现其潜在价值的过程。狭义的创业是指创建新的企业，即整合已有的信息、知识、技术或服务资源，为消费者提供产品和服务，并实现创新性价值的活动过程。

创业的本质是对机会的商业价值的发掘与利用,创业意味着认识到并创造出事物的商业用途。它包括以下几方面的含义:

(1)创业的潜在价值要通过市场来体现。市场是实现创业价值的途径,创业者的艰苦付出是实现创业价值的必需条件。

(2)创业是一个复杂的创造过程,它创造出某种有价值的新事物。这种新事物对创业者本身和社会都有价值。价值属性是创业的重要社会属性,也是创业活动的意义所在。

(3)创业要承担必然的风险。创业者要付出努力和代价,并承担各种可能遇到的风险。

(4)创业以追求回报为目标。在创业过程中,风险与回报一般成正比。创业带来的回报,包括物质回报和精神回报。

随堂训练

请讲述一个你知道的创业者及其创业故事。

(二)创业的类型

根据不同的分类标准,创业可以分为不同的类型。按照创业的创新内容划分,创业可以分为以下三类:

(1)管理模式创新型创业。

(2)营销模式创新型创业。

(3)产品创新型创业。

按照创业参与者的数量划分,创业可以分为以下两类:

(1)独立创业。

(2)合伙创业。

按照创业项目的性质划分,创业可以分为以下三类:

(1)传统技术项目创业,例如创办与传统工艺、传统食品、传统服饰等相关的项目。

(2)知识服务项目创业,例如广告、信息咨询、律师事务所、会计师事务所等项目。

(3)高新技术项目创业,例如将航空航天等高新技术运用到民用领域的新产品创业项目。

案例分享

胡文虎是著名的华侨企业家,被称为"万金油大王"。他小时候就在父亲的中药铺里一边学习中医,一边帮忙打理生意。父亲去世后,他去香港创业发展。胡文虎在香港潜心观察当地的中药销售情况,并到泰国、日本等地考察先进的西药制作技术。他用贩卖药材赚到的钱购买了一套制药设备,和弟弟一起研究出了一套制作中成药的方法。他们在家传秘方"玉树神散"的基础上,参考其他传统配方,以山苍子、薄荷、樟脑等名贵中药为原料，用西药的制作方法，创制出了闻名遐迩的新药——万金油。后来他们吸收中国传统膏、丹、丸、散的优点，研制出了头痛粉、八卦丹、止痛散等畅销世界的药品，取得了令人瞩目的成就。

☀ 启 示

　　胡文虎热爱传统中医文化，他的创业项目也立足于传统中医，但借鉴西药制作技术进行了创新。传统中医成就了他的事业，他也为弘扬中医做出了贡献。

二、职业院校大学生的创业现状

（一）职业院校大学生处在"大众创业、万众创新"的时代背景下

　　李克强总理发出"大众创业、万众创新"的号召，最早是在 2014 年 9 月夏季。当时他提出，要在 960 万平方公里的土地上掀起"大众创业""草根创业"的新浪潮，形成"万众创新""人人创新"的新形态。之后他在首届世界互联网大会、国务院常务会议和其他场合频频阐释这一理念。每到一地考察，几乎都要与当地年轻的"创客"会面，希望激发民族的创业精神和创新基因。

　　2015 年，李克强总理再次强调"大众创业、万众创新"的理念。他在政府工作报告中如此表述："推动大众创业、万众创新，既可以扩大就业、增加居民收入，又有利于促进社会纵向流动和公平正义。"

　　关注中国"大众创业、万众创新"的诺贝尔经济学奖得主埃德蒙德·菲尔普斯说："如果大多数中国人，因为从事挑战性工作和创新事业获得成就感，而不是通过消费得到满足的话，结果一定会非常美好。"

　　"大众创业、万众创新"，让中国人在创造物质财富的过程中实现精神追求，是实现中国梦的重要途径，是时代赋予大学生的使命和机遇。

（二）职业院校正在大力推进创新创业教育

　　近年来，我国职业院校不断加强创新创业教育力度。许多学校建设了创业实训基地，开设了创新创业课程，与企业联合创建适合职业院校学生的创新创业平台。越来越多的大学生开始参加各类创业大赛，开展各种创业实践活动。职业院校学生申请专利的数量也在逐年攀升。双创教育的开展，有效地激发了大学生的创业热情，为大学生创新创业提供了有利的环境和条件。

案例分享

杨甫刚出身于一个普通家庭，高考时因为成绩平平没能考入理想的大学，于是他进入一家当地的职业院校就读。

杨甫刚从大一开始就想实现一个不一样的梦想，他认为单纯依靠学业成绩无法在毕业后与那些名校毕业生竞争，必须另辟蹊径。他在校园里捡过矿泉水瓶卖钱，也到宿舍里推销过袜子。杨甫刚在不断的尝试中，不断思考，不断学习进步。

2007年，他在朋友推荐下开始转战淘宝，开始新的创业之路。渴望创业成功的杨甫刚不遗余力地努力经营店铺，研究产品，研究客户，重质量，讲信誉。打拼8个月后，他的店铺信誉评级达到五颗钻，月销售额达到十几万元。之后杨甫刚在学校的大力支持下创立了大学生创业基金，他也成为同学们创业的"带路大哥"，为学校的创新创业教育做出了贡献，学校领导称其为"我们学校的英雄"。

💡 启 示

职业院校的大学生在双创教育的大潮中一定会谱写出属于个人和时代的光辉篇章。

（三）大学生拥有良好的创业环境

我国当前的创业环境对于职业院校的大学生来说具有很多优势。一方面，群体创业潮正在兴起，社会进入平民创业时代，鼓励创新创业的社会观念进一步形成，为大学生提供了有利的社会环境。另一方面，融资环境不断改善，许多银行逐步开展了大学生小额创业贷款业务，为大学生创业解决了资金不足的问题。此外，政府也出台了许多有利于大学生创业的政策，在工商、税务、法律等方面为大学生创业提供支持。

三、创业对社会及个人职业发展的意义

创业型经济已经成为21世纪重要的经济形态。大学生自主创业对社会发展和个人职业发展都具有重要意义。一方面，创新创业可以促使大学生的奇思妙想变为现实，让人力资源转化为人力资本，更好地发挥中国人力资源雄厚的优势。另一方面，采取包括双创在内的各种方式，允许和鼓励全社会积极投入创业、创新大潮，大力解放和发展生产力，有助于社会的进步与发展。创业对社会及个人职业发展的意义主要体现在以下几方面：

第一，创新创业是满足群众过上更好生活愿望、实现美好中国的必然要求。大众创业、万众创新的参与者，从无到有、从少到多的发展过程，是一个创造性的社会实践过程。马克思曾提出"思想本身根本不能实现什么东西。思想要得到实现，就要有使用实践力量的人"，

毛主席也指出"人民,只有人民,才是创造世界历史的动力"。采取包括"双创"在内的各种方式,允许和鼓励全社会勇于创新,大力解放和发展生产力,是推动社会发展的重要决定。

目前,各种新媒体技术(包括新兴技术与新型技术)尤其是"互联网+"的快速发展,已经让普通人有了更多的创新创业机会、能力与资源。近年来,移动网络速度大幅提升、移动通信终端广泛普及、生产管理的自动化程度与定制化程度提高,很多新的商业形态与平台也逐渐形成,这些技术与平台均为有梦想、有意愿、有能力的大学生提供了广阔的创业平台。

第二,创业有利于国家缓解就业压力。职业院校大学生创新创业,不仅解决了自身就业问题,而且为社会创造了更多就业岗位。据统计,我国小微企业已经超过 5 200 万家,这其中就包括很多大学生创业的企业。

第三,创业让大学生实现职业理想。创业是一个精彩的大舞台,它不仅是社会经济增长的动力源,也是大学生实现个人职业梦想和人生价值的练兵场。大学生创业,有助于大学生充分发挥个人特长,通过努力获得经济上的高回报和工作上的显著成就感。创业过程中遇到的风险和挑战,也会激励创业者不断学习进步,积累下来的经验也会为他们日后在职场的长足发展奠定良好基础。职业院校大学生要把握机遇,力争毕业时由"求职者"转变为"创业者",通过创业成为企业家,拥有精彩的人生,回馈社会和国家。

拓展活动

主　　题:创业意识的培养。

目　　标:通过分析案例加强对创业的认识。

建议时间:45 min。

活动过程:

(1)了解案例。

褚时健 1928 年出生于云南省玉溪市华宁县,原云南红塔集团有限公司董事长。褚时健使红塔山成为中国名牌,使玉溪卷烟厂成为中国烟草大王、地方财政支柱,他本人曾被评为全国"十大改革风云人物",被誉为"中国烟草大王"。1995 年 2 月,褚时健被检举贪污受贿,1999 年 1 月被判无期徒刑,后减刑为 12 年;2002 年,保外就医后,与妻子在老家承包荒山种橙,开始第二次创业;2011 年,褚时健刑满释放;2012 年 11 月,褚时健种植的"褚橙"通过电商平台开始售卖,褚时健成为"中国橙王";2014 年 11 月,褚时健传记《褚时健——影响企业家的企业家》正式出版发行。

褚时健是中国烟草史上举足轻重的名字,临近退休却折戟沉沙,出狱后,以 80 多岁高龄重新创业成功,激励和影响了无数人。

(2)教师将学生分组,每组 4～6 人为宜。

(3)各组搜集褚时健创立"褚橙"的过程,分析其中体现的创业意识。

（4）小组成员进行自我评价，小组内互评。

（5）教师进行总结评价。

思考与讨论

1. 创业的类型有哪些？

2. 讨论在"大众创业、万众创新"的历史背景下，创业与职业院校大学生职业发展的关系。

创业者的创业精神与素质

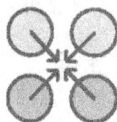

知识：了解创业精神的本质和表现，以及创业素质的培养途径和方法。

能力：具备培养创业精神和素质的能力。

素质：培养创业的勇气和智慧。

一名德国工人在生产一批纸张的时候不小心弄错了配方，导致生产出的纸张无法用来书写。他因此受到处罚，甚至遭到解雇。就在他陷入绝望时，一位朋友建议他看看报废的纸张能不能有其他用途。经过查看，他很快发现这批废弃的纸张具有很好的吸水性。于是他把纸张切割成小块，称其为"刀切吸水纸"，并拿到市场上销售。结果销量非常好。这种纸就是现在我们用的吸水纸的雏形。

请谈一下这个故事对你的启示。

一、创业精神的本质与表现

（一）创业精神的本质

创业精神通常被称为"企业家精神"，是指创业者的主观世界中所具有的开创性的思想、观念、意志、个性、作风和品质等。创业精神具有高度的综合性、整体性、先进性和时代特征。

1. 综合性

创业精神由多种特质精神综合作用而成，如创新精神、进取精神、拼搏精神、合作精神等都是形成创业精神的特质精神。

2. 整体性

创业精神的产生、形成和展现，是由哲学的创业思想和创业观念、心理学的创业个性和创业意志、行为学的创业作风和创业品质三者构成的一个整体，缺少其中任何一个都无法构成创业精神。

3. 先进性

创业精神最终体现的是开创新的事业，创业精神本身必然具有超越历史的先进性，想前人之不敢想，做前人之不敢做。先进性不代表完全抛弃历史，它是在前人的基础上进行的创新与改进。

4. 时代特征

不同的时代，拥有不同的物质生活条件和精神生活条件。在不同时代创业，其物质基础和精神内容也各不相同。因此，创业精神也就具有时代特征。

（二）创业精神的表现

具备坚定的创业精神，有利于创业者开创事业。创业精神是创业的动力源泉，也是创业的精神支柱，更是创业者在创业过程中的重要行为特征，主要表现为敢担风险、勇于创新、团结合作和坚持不懈等。

1. 敢担风险

"创业者要不断地、永远地承担风险，有雄心有担当。"美团创始人王兴凭着这股执着坚持、不屈不挠的精神，使现在的美团成为一家家喻户晓的企业。在创业的过程中，不可避免地会遇到挑战，要承担风险，很多成功的创业者都经历过很多磨难，甚至是多次的失败。

2. 勇于创新

鲁迅先生说过："同是不满于现状，但打破现状的手段却不同：一是革新，一是复古。"创新无疑是打破现状的积极手段，但创新精神是需要后天学习和培养的。因此，创业者要勇于解放思想，主观上要敢于创新，具有创新的意识和愿望，这是创业成功的重要保证。

随堂训练

谈一下你对下列有关创新的名言的理解。

（1）今日的世界，并不是由武力统治，而是由创新支配。

（2）一个没有创新潜质的民族，难以屹立于世界先进民族之林。

（3）敏于观察，勤于思考，善于综合，勇于创新。

（4）掌握新技术，要善于领悟，更要善于创新。

（5）既要创新、创造，又要有闯劲儿、冲劲儿。

（6）能正确地提出问题，就是迈出了创新的第一步。

（7）作了茧的蚕，是不会看到茧壳以外的世界的。

（8）致富的秘诀，在于"大胆创新、眼光独到"八个大字。

（9）凡能独立工作的人，一定能对自己的工作开辟一条新的路线。

（10）创新就是创造性地破坏。

（11）如果学习只在于模仿，那么我们就不会有科学，也不会有技术。

（12）若无某种大胆放肆的猜想，一般是不可能有知识的进展的。

3. 团结合作

不同于一般群体的松散组合，创业团队成员需要有共同的目标。有效的团队合作，可以使团队具备更强的资源整合能力和风险驾驭能力。正如奥斯特洛夫斯基所说："不管一个人多么有才能，但是团队常常比他更聪明和更有力。"调查显示，在目前成功的大学生创业案例中，合伙创业的比例达到六成以上，这充分表明团队合作更有利于分散、降低创业失败的风险。

4. 坚持不懈

选择创业，就是选择了一条艰苦奋斗的道路。创业要比就业艰难很多倍，创业不仅需要创业者自身的才华和能力，更需要永不放弃的执着精神。在创业失败的案例中，很多都是在创业过程中遇到了挫折、打击，长时间纠缠在同一问题上，慢慢就失去了创业的激情和耐心，最后只好放弃。其实，创业本身就是对自我的一种挑战，是对创业者个人毅力的一种考验，正如孟子所言："天将降大任于是人也，必先苦其心志，劳其筋骨，饿其体肤，空乏其身，行拂乱其所为，所以动心忍性，曾益其所不能。"

每个人都可以拥有自己的梦想，只要能脚踏实地，对自己有一个清晰的定位，对树立的目标不动摇，坚持不懈地走下去，就有可能走向成功。

案例分享

刘永行，男，1948年6月出生于四川省新津县，目前为东方希望集团董事长，上海市四川商会荣誉会长、中国农业大学兼职教授、MBA导师，上海浦东新区政协常委，他用36年时间用1 000元资金做到年产值近700亿元。

1982年，国家号召科技兴农，农村出现了新一轮建设热潮。刘永行和三个兄弟集体辞去公职，凭借1 000元启动资金，在农村从家禽养殖起步，逐步发展成为中国饲料大王。在饲料行业之外，刘永行利用手中积累的财富，开始了多元化的投资，除了涉足房地产和电子产品领域，金融业也成为刘永行的投资方向，如投资参股民生银行、成都商业银行、光大银行、上海商业银行、民生保险等。

1986年，刘氏兄弟创办专门研究饲料的希望科学研究所。两年后，刘氏"希望"饲料试验成功。

1991年，刘氏兄弟在成都组建希望集团，刘永行任董事长。

1995年，刘氏兄弟明晰产权，刘永行利用分得的10多家公司组建了东方希望集团，任董事长。

1999年，东方希望集团总部从成都迁至上海浦东。

2001年，刘永行及其兄弟被美国著名财经杂志《福布斯》评为中国大陆最成功商人排行榜第一名。

2002年，刘永行被评为"2001 CCTV中国经济十大年度人物"。

2003年9月，刘永行因长期支持老少边穷地区和中西部地区经济建设，获得"中国光彩事业奖章"。

2006年5月，刘永行被《当代经理人》杂志和北京大学民营经济研究院评为"十大创业领袖"之一。

2008年12月，刘永行荣获"中国改革开放30年30名农村人物"荣誉称号。

2012年10月，《福布斯》发布2012年福布斯中国富豪榜单，刘永行排第七位。

2020年4月，刘永行以59亿美元财富位居福布斯全球亿万富豪榜第78位。

刘永行从一位公职人员到农民再到商业巨人，书写了人生的传奇。他给创业者的寄语是：要想成功，就要在困难的时候有坚定的创业精神。

💡 思考

刘永行能够决然放弃公职身份，勇敢创业，是哪些精神因素在发挥作用？这种精神体现在哪些方面？

二、创业精神的培育

创业精神涵盖创新精神、冒险精神、开拓精神、拼搏精神和合作精神五个方面。

（一）创新精神的培育

1. 夯实基础，学好理论知识

创新精神是创业精神的重要组成部分。有创业计划的大学生应该有意识地学习相关知识，只有充分掌握创新理论知识，才能科学树立创新精神，为创新、创业打下坚实的理论基础。

2. 拓宽视野，关注前沿信息

大学生在实践中要不断丰富自己的阅历，拓宽创新视野，广泛关注计划创业领域的前沿信息，包括国内和国外的发展趋势与现状，有效把握创新方向和创新质量，为创业发展提供创新策略依据。

3. 注重实践，提高综合能力

大学生应多参与各种社会实践、创新训练、拓展训练、创新创业竞赛，自觉强化创新意识，提高综合创新能力，为创业奠定良好的实践基础。

4. 独立思考，强化辨识能力

创新需要独立的思考能力。在创新过程中，需要认真分析、判断，需要虚心求教，不要害怕别人批评，不能不懂装懂。要在独立思考中逐渐提高自己的辨识能力，形成自己的想法，养成思考的习惯，以牢牢把握创新理念和创业机会。

（二）冒险精神的培育

冒险精神是创业精神的有机组成部分。是否敢于冒险，是创业行为能否实施的重要前提。从认识论角度来讲，冒险就是勇于探索、勇于竞争、勇于实践的过程。在创业过程中，具备敢于冒险、勇敢为之精神的人数，和财富场上成功者的人数，恰好成正比。大学生要创业，就要培养敢于冒险、善于冒险的精神和素质。

（三）开拓精神的培育

开拓精神强调的是一种不满足于现状、顽强奋斗、不屈不挠的精神。在"大众创业、万众创新"的时代背景下，抓住机会，跟上时代步伐，就会不断前进。在创业中，大学生要增强创业的危机感、急迫感、责任感，发扬拼搏开拓的创业精神，壮大胆魂，增长才识，抓住创业良机，为创业成功做好准备。

（四）拼搏精神的培育

巴菲特说过："要像冠军一样投资，做企业也是一样的，最重要的是要有像运动员一样的拼搏精神，咬牙坚持到最后。"创业需要有顽强的拼搏精神，需要摒弃一切不合时宜的传统观念、惯性思维、体制束缚。

（五）合作精神的培育

创业者不仅要有努力拼搏、吃苦耐劳的精神，还要有宽广的胸怀与长远的眼光，能容下团队的每一个成员的不影响事业的缺点。成功离不开一个优秀的团队，马云、俞敏洪等人都是因为有一个强大的团队，才取得了现在的成就。团队成员的能力有高有低，要融合大家的力量，团结一致很重要。三国时的刘备与曹操的能力相差甚远，但能把关羽、张飞、赵云等人凝聚在一起，最后成就了一番事业。因此，团队是彼此成就事业的地方，一个团结的团队更容易实现创业的理想。

随堂训练

分组讨论：你毕业后想成为一个怎样的打工者？或者想成为一个怎样的创业者？

三、创业者应具备的素质

创业者作为创业的主体，是进行创业行为的人。创业者既可以是单独的个体，也可以是一个团队。由于创业有狭义和广义之分，所以创业者的含义也有广义和狭义两种解释。从广义层面上讲，创业者被认为是经济活动过程中的代理人，能将经济资源从生产率较低的区域转移到生产率较高的区域，是具备发现和引入新的、更好的、能赚钱的产品、服务和过程的能力的人。从狭义层面上讲，创业者就是创办企业的人或领导者。

小米科技有限责任公司创始人雷军有一句名言："只要站在风口，猪也能飞起来。"意指只要顺应技术和时代发展趋势，人人都可以成功。但是，在同样的大环境下，大多数人还是被"拍在沙滩上"。像自然界一样，商界的优胜劣汰生存法则考验的也包括创业者的素质，创业者的个人素质高低决定了创业的成败。

概括来说，创业者所应具备的素质主要包含创业基础知识、心理素质和创业技能三个方面，其评价指标划分如下：

1. 创业基础知识

创业基础知识指的是成功创业所需要知道的事实型与经验型信息。它包含企业运作与市场开发知识、商业基础知识、法律基础知识、创业行业背景知识、专业技术基础知识、对经济形势与产业政策认知 6 个测评因素。

2. 心理素质

心理素质是指创业行为习惯和思维方式的内在、深层次特质，对人的创业行为表现起着关键性的作用。它包含创业动机、创业者自我认知、创业者品质、创业者价值与角色定位、深层次创业知识 5 个测评因素。

3. 创业技能

创业技能是指为了实现创业目标，有效地利用自己所掌握的知识创业的能力。它包含社交与资源整合利用能力、机会识别能力、学习开拓与创新能力、组织经营与战略管理能力、风险决策能力 5 个测评因素。

在这些基本素质中，创业者的心理素质，是内在的、难以测量的部分，不容易通过外界的影响而改变。创业技能和创业基础知识是创业者素质的外在表现，是容易了解与测量的部分，相对而言也比较容易通过学习培训、反复的训练和经验的积累来改变和发展。

创业者并不是必须完全具备这些素质才能去创业，但创业者本人要不断学习，进而逐步提高自身素质，才能成功创业。

案例分享

两名职业院校的大学生小张和小李毕业后，分别在母校附近开了一家电脑维修店，主要业务都是为师生维修各类电脑。小张是一个经营上的"不安分者"，小李则是一个循规蹈矩的"老实人"。小张开店后不久就寻找到新的商机：他发现学校所处的地理位置离市区较远，学生除了维修电脑，还需要购买其他电子产品，如 U 盘、数据线、耳机等。于是，小张开始扩充业务，在周边三个学校开了分店。他采用集约化策略和差异化经营策略，让三个分店各有所长，一个分店负责修理硬件，一个分店负责处理软件问题，一个分店负责销售新电脑与配件。后来，电商快速发展起来了，小张又扩充业务，增设为师生服务的快递收发点。随着知名度扩大，找他修电脑的人也越来越多。一年以后，周围学校的电脑维修业务几乎全被小张包揽了，而小李只能眼睁睁地看着自己失去了扩大业务市场的机会。

启示

一般人总是等机会从天降，而不是通过努力工作来创造机会。殊不知，人们遇到的问题和未满足的需要总是会不断提供新的商机。优秀创业者的一个基本素质，就是善于从问题中发现机会，并主动把握机会。

四、创业者素质的养成途径与方法

（一）创业者素质的培养

大学生创业者以校园活动为主，缺乏基本的社会实践历练，因此尤其需要重视自己的创业素质培养。立志创业的学生可以针对自身的特点，自觉地加强创业素质的培养。

1. 创业基础知识的培养

大学生创业者除了需要具备强烈的创业意识和较强的创业能力，还应该具备丰富的创业基础知识。创业基础知识一般包括与创业相关的法律知识、管理知识、经营知识等专业知识。创业基础知识不仅来自课堂，而且还可以通过图书馆获得创业指导方面的报刊和资料，通过各种网络资源获得创业成功者的经验分享资料或课程，积极宽泛地查阅、学习，可以增加大学生对创业市场的认识。

2. 创业心理素质培养

创业者要具备吃苦耐劳、承受挫折的精神。爱国者国际控股有限公司是从卖电脑键盘一步一步发展起来的；新东方教育科技集团有限公司创始人俞敏洪初期的办公地点设在几间工棚里。创业者所经受的苦难和挫折很多是常人难以想象的，创业者需要具备良好的创业心理素质，而良好创业心理素质，只能在创业实践中磨炼获得。

第一，大学生创业者要积极参与商业调查访谈、各级创业大赛、案例分析讨论和模拟创业实践，有条件的大学生可以入驻学校的创业基地、孵化园，参与校企合作项目，在创业活动中全方位体验创业氛围。

第二，主动学习创业心理素质教育等课程，对创业中可能会面临的困惑和困难有预先了解，将心理教育知识融入创业心理素质中。

第三，积极参与成功创业者的访谈、沙龙等交流活动，在激发自我成就欲望和创业意识的同时，感悟和模仿成功创业者的优良心理素质，锻炼自己战胜困难和挫折的毅力和意志。

3. 创业技能的培养

创业者在具备积极的创业意识的同时，还需要有较强的创业技能来支撑创业行为。对大学生创业者来说，创业的最大障碍并不是外在的条件，而是对自己缺乏信心，担心自己的能力不能满足创业的需求。创业能力的培养一定要有工作实践的体验，比尔·盖茨曾说过："我不认为创业者一开始就要创办自己的公司，为其他公司工作并学习他们如何做事会令你受益匪浅，打好基础对创业者来说非常重要。"这里说的"基础"就是创业技能。

工作经历是提升创业能力的最有效手段。大部分成功的创业者都有为别人打工的经历，这种经历不仅使创业者能够对所处行业环境了如指掌，学会有效处理复杂的人际关系，还能提高整合资源的能力。当创业者具备了行业的基本经验之后，创业的梦想将不再遥远。

案例分享

柳传志：联想集团有限公司创始人，中国知名企业家、投资家，全球 CEO 发展大会联合主席、全国人大代表。

创业之前，柳传志在中国科学院计算技术研究所设备研究室做了 13 年磁记录电路的研究，有丰富的专业知识。1984 年，创建北京计算机新技术发展公司（北京联想的前身），以 20 万元人民币起家。1987 年，开始做贸易，代理 ASTPC，一月销售几百台。1988 年，成立香港联想，从做贸易开始，通过贸易积累资金，了解海外市场。1990 年左右是联想高速发展的时期，柳传志除了搞好公司内部管理，还要费尽心思为联想找到更多的资金，一度发展很困难。1996 年，联想率先发动了 PC 价格战，战胜了所有竞争对手。2000 年，联想集团分拆出神州数码，并分拆联想集团，将两大块业务分别交给两个年轻人，开启联想控股的多元化发展。2004 年，联想集团收购 IBM 的 PC 业务。2013 年，柳传志获得"对民族产业贡献卓著的民营功勋企业家"荣誉称号，彰显了他对民营经济所做的成就与贡献。

💡 **启 示**

在柳传志成功创业的过程中，是过硬的专业技能和面对困境时良好的心理素质，陪他一次次渡过难关。

（二）创业素质的培育与发展

成功的创业者有一个共同的特点，就是对梦想不离不弃。创业者素质的培育和发展，可以根据自己的特点，从以下几个方面着手：

1. 风险意识

创业是充满风险的。风险意识是企业在创办及经营中应着重培养的一种现代经营意识，也是创业者急需培养和增强的一种重要的创业意识。大学生创业者对可能出现和遇到的风险认识不足，是当前这一群体在创业活动中的一个普遍现象。创业者要从风险恐惧中解放出来，敢于在市场经济的大潮中试练，敢于经受商海的历练，善于规避风险，化解风险。

2. 创新能力

拿破仑说过："创新是力量、自由和幸福的源泉。"创新既是企业的利润源泉，也是创业成功的根本保证。作为大学生创业者，培育与发展自己的创新能力要做到以下两点。

第一，要具有创新思维，从洞察力、想象力上下功夫，敢于否定和超越禁锢性的思维方式。

第二，创新的不一定全是新事物，要善于总结前人的经验，在前人的基础上选择创新突破口，充分利用和田十二法，从分析力、决断力和预见力上下功夫，这样更容易成功。

3. 吃苦精神

中国有句谚语"艰难困苦，玉汝于成"。大学生创业必须要有吃苦受累的心理准备、愈挫愈勇的奋斗品质和艰苦卓绝的生活磨炼。大学生自主创业，既是一个机遇，也是一次挑战。在校期间，要积极参加一些有意义的创新、创业实践活动，有意识地磨炼自己的意志，培养自己吃苦耐劳的品质。学校则应该加强引导、鼓励，注重营造一种良好的创业氛围，传承和弘扬吃苦耐劳的精神。

4. 团队意识

团结协作是一切事业成功的基础，个人和集体只有依靠团结的力量，才能把个人愿望和团队目标结合起来，产生"1+1＞2"的效果。中国有句俗语"一根筷子容易断，十根筷子抱成团"，合作和协调是创业过程中赢得竞争的必要条件。大学生要注重团队意识的培养，通过长期的实践和训练，形成团队的使命感、认同感和归属感，逐步强化团队精神，产生团队凝聚力。"同心山成玉，协力土变金"，在一个缺乏凝聚力的环境里，任何雄心壮志、聪明才智都不可能得到完美的发挥。

拓展活动

主　　题：创业精神的培养。
目　　标：通过对典型创业成功案例的学习与分析，培养职业院校学生的创业精神。
建议时间：45 min。
活动过程：
（1）通过互联网和书刊等查找国内外创业成功的典型案例，分析其创业历程并填写表 4-1。

表 4-1　创业成功典型案例调查表

创业者姓名	行业领域	创业阻力	创业精神

（2）针对案例中所出现的创业困难进行分组讨论，说一说这些创业者是如何通过培养创业精神来解决问题的。

思考与讨论

1. 创业精神包括哪几个方面？
2. 讨论职业院校大学生应如何培养自己的创业精神。

主题三

创业团队

目标要求

知识：了解创业初期如何寻找合作伙伴，掌握团队合作的技巧与管理方法。
能力：提升创业团队的协作能力与管理能力。
素质：培养良好的创业意识、团队建设意识。

热身活动

创业团队是创业的核心力量。盘点一下自己的人脉资源，看看能否从中找到志同道合的创业合作伙伴或者可以为创业提供助力的人。根据资源类型，如同学资源、同乡资源、朋友资源、长辈资源等，创建一个创业人脉资源库，并进行分类整理。

一、创业团队概述

创业团队是指有共同目标的两个或两个以上的个体形成的，一起从事创业活动、建立创业企业的共同体。创业团队也指在创业初期，由一群才能互补、责任共担，愿意为共同的创业目标而奋斗的人组成的特殊群体。

在创业的过程中，人才是相当重要的，由各种人才组成的创业团队的水平，是决定创业失败或成功的关键要素之一。在实际工作中，一个好的人才组合，会实现人力资源的充分利用和各种优势的互补，可以达到较高的创业目标满意度与成功率。

全球畅销书《富爸爸穷爸爸》中讲道，要创业，想成功，有两种办法：一是自己创建一个成功的系统，二是跟着一个成功的系统走。这个所谓的系统，就是创业团队。创业团队对创业者的成功与否起着至关重要的作用，主要表现在以下四个方面：

1. 团队是创业者的创业基石

马云在创建阿里巴巴团队时拥有"十八罗汉"，他们通过共同努力才成就了现在的阿里巴巴。人才是企业发展的关键因素。团队的组建未必在最初的时候就如铜墙铁壁般坚不可摧，但因为多人多能，各尽所能，相互配合，因此即使每个人仅在所在领域拥有一点点经验，也可以让团队整体的力量很强大，所以团队之于创业者就如同水之于鱼，是不可或缺的要素。

2. 团队如同镜子，让创业者可以看清自我

创业团队最重要的作用是肯担当，愿意彼此成全。从最开始团队成员一起成全创业者，到最后创业者成全团队成员，这种互动与互进，让创业者在创业的途中始终能看清自己，无论是风光时还是失败时都不致过分喜悲。

3. 团队是一个企业真正的资本

企业的资本，除了实物资本、货币资金，最重要的一项就是人才资本。而由人才构成的企业初创团队，是众多优质资本的总和，这在科技类智力密集型企业中表现得更为突出。没有不能干事的人，只有放错位置的人才，创业者要知人善用，让每个人都能发挥最大潜能。

4. 团队扶持，让创业之路不孤单

在优秀的创业团队里，大家一起讨论、优势互补、共同奋进，有共同追求的人团结在一起，共同发光发热，实现共同的创业梦想。

案例分享

科学家们经过多年研究，弄清楚了为什么雁群总是排成 V 队形。

当带头的大雁扇动翅膀时，它为紧随其后的大雁提供向上的动力。按照 V 形队列飞行，同样时间内，整个雁群会比每只大雁单独飞行至少多飞71%的距离。

当一只大雁掉队时，它会马上感觉到飞行的阻力加大，因而会很快飞回队伍中以利用队伍所提供的动力。当带头大雁感到疲惫时，V 形队伍中的另一只大雁就会充当领队。在后面的大雁会发出鸣叫声，鼓励前面的大雁保持速度。

如果队伍中的一只大雁生病了，或者受伤掉落下来，会有另外两只大雁离开队伍，跟着它飞下来，以帮助和保护它。它们会一直守护这只大雁，直到它能重新起飞或者死去，然后它们会靠自己的力量再次出发或者跟随另一队大雁去追赶自己的队伍。

　　大雁的实例告诉我们，具有共同方向和群体意识的个体更容易成功。团队领导可以轮流当，但并不是每一个成员都有机会。团队精神体现为对理想不放弃，对伙伴不抛弃。

二、创业团队的组建

（一）创业团队的类型

　　从不同的角度，可以把创业团队划分为不同的类型。依据创业团队的组成者来划分，可以分为以下三种类型：

　　1. 向心型创业团队

　　向心型创业团队一般是在主导人物有了创业的设想后，根据设想建设的创业团队，主导人物在组织中的行为对其他个体影响巨大。向心型创业团队的特点如下：

　　（1）决策程序相对简单，组织效率较高。

　　（2）容易形成权力过分集中的局面，从而使决策失误的风险加大。

　　（3）当其他团队成员和主导人物发生冲突时，因为主导人物的特殊性，其他团队成员往往处于被动地位，在冲突比较严重时，一般都会选择离开团队，因而对组织的结构影响较大。

　　2. 网状创业团队

　　网状创业团队成员一般在创业之前都有密切的关系，比如同学、亲友、同事、朋友等。他们在交往过程中共同认可一个创业想法，达成共识后一起创业。在创业初期，没有明确的核心人物，大家根据自己的特点自发地进行角色定位，各位成员基本上扮演的都是协作者或伙伴的角色。网状创业团队的主要特点如下：

　　（1）团队没有明显的核心，整体结构较为松散。

　　（2）组织决策时，一般采取集体决策的方式，通过大量的沟通和讨论达成共识，决策效率相对较低。

　　（3）由于团队成员在团队中的地位相似，所以容易形成多头领导的局面。

　　（4）当团队成员之间发生冲突时，一般都采取平等协商、积极解决的态度，团队成员不会轻易离开。但是一旦团队成员间的冲突升级，致使某些团队成员撤出团队，就容易导致整个团队的涣散。

　　3. 家族式创业团队

　　在《财富》杂志排名前 500 的大企业中，有三分之一是家族式企业。家族式团队是一种联系紧密、利益一致、有着共同向心力的团队，有以下特点：

（1）在团队里更多的是亲情，是专制，民主的成分相对较少。

（2）家族式团队中尊重长者，经常出现一个人说了算的情况。

（3）创业时期，创业者能够以较低的成本迅速汇聚人才，团结奋斗，甚至不计较报酬，从而使企业能在短时间内获得竞争优势。

（4）内部信息沟通顺畅，外部信息反馈及时。

（5）难以得到优秀的人才，在某种程度上制约其迅速发展。

总的来说，创业时需要拥有一个核心的创业团队。创业者可以根据自身的实际情况，建设富有凝聚力的创业团队。

（二）组建创业团队

优秀的个体必须融入一个适合的团队，才能发挥个体的最大价值，才有机会成大事。优秀创业团队的组成要素如下：

1. 一位强有力的领导者

这是打磨一支优秀团队的最重要前提，其关键在于如何理解"强有力"这三个字。"强有力"需要综合以下要素：勇敢、决绝、无私、担当……勇敢是成为一个合格创业领导者的最宝贵的精神品格。任何一支团队都会不断面临新目标、新挑战，尤其在创业公司，很少有人能看清未来。在这种巨大的不确定性面前，其他成员甚至包括领导者本身，都难免会彷徨、挣扎、犹豫，所以作为领导者必须足够勇敢，关键时刻能够站出来打破僵局，做出决策。勇敢之后便是决绝，坚持目标不动摇，将执行做到位。另外，一个合格的领导者还需要无私与担当，对团队负责，是对所创办企业及团队成员的最大责任心。

2. 共识基础上的核心成员

几乎所有成功的创业团队，在创业初期都有三五个核心成员，作为绝对支撑力量。现在，流行分工更为明确的阐述，如"CEO 懂战略、CTO 懂技术、COO 懂运营"等。雷军、柳传志、乔布斯等这些创业成功人士，都曾在不同场合阐述过核心班子的重要性。柳传志一直将"搭班子"放在首位，然后才是定战略、带团队。雷军在创业初期最大的精力就用在招揽七位核心成员上。"投项目就是投人才""投项目就是投团队"，说的都是这个道理。

一旦职业院校学生有条件成为领导者并想组建一支团队，首要的任务是"搭班子"，投入一切能投入的精力去网罗核心人才。这些人才不仅要互补，更要在意愿上充分达成共识。如果时机不成熟，眼前的团队还凑合，也可以边干边找。但一定要以最快的速度完成团队建设，不要在核心成员的质量上自欺欺人。有统计数据表明，绝大多数成功的创业者，在团队建设上，常常花费约 80% 的时间。

3. 共同的目标与团结理念

验证创业团队能力的最好指标是团队解决问题的能力。对企业来说，做好一款产品将面临无数个难题，包括商业模式的确立、功能逻辑的梳理、视觉设计的突破等，每一个环节都需要耗费巨大的精力和心力。团队领导者要带头，在企业中营造积极讨论的氛围。在否定别人的建议和想法时，一定要尊重别人。另外，要先想好有没有更好的建议，否则不要轻易否定别人。最好的办法是找到那些敢于提出问题、善于解决问题的人才。团队最初的讨论氛围，必将作为企业文化的基因，伴随企业终生。

三、创业团队的管理技巧

与个人创业相比，团队创业的成功率并不是很高，主要原因有两个：一是团队成员之间往往存在利益冲突；二是团队成员之间在决策上有分歧。因此，为了有效管理创业团队，必须要解决利益冲突和决策分歧等问题，创业团队要找到适合自己的结构模式。

（一）创业团队管理的特殊之处

创业团队的管理与工作团队的管理有很大的不同。工作团队的人员和岗位稳定性相对较高，人们往往把重点放在过程管理上，注重通过建设沟通机制、决策机制、互动机制和激励机制等发挥集体智慧，实现优势互补，提升绩效。但创业团队管理却恰恰相反，其重点不是过程管理，而是结构管理，其特殊之处表现在以下三个方面：

第一，创业团队管理是缺乏组织规范条件下的团队管理。在创业初期，创业团队还没有建立起规范的决策流程、分工体系和组织规范，因此处理决策分歧比较困难，这时特别需要团队成员之间的相互认同和信任，可这种相互认同和信任又很难在短时间内建立起来。可见，认同和信任关系取决于创业团队的初始结构。

第二，创业团队管理是缺乏短期激励手段的团队管理。成熟的工作团队可以凭借雄厚的资源基础、精细的月度工作考核等手段，在短期内实现成员投入与回报的动态平衡。而在创业初期，需要高强度地投入时间、精力、资金等资源，创业团队的回报以创业成功为前提，因此短期内无法实现成员所期待的激励和回报。在成功不能一蹴而就的时候，就需要找到合适的合伙人。

第三，创业团队管理是以协同学习为核心的团队管理。成熟企业内工作团队的学习以组织知识和记忆为依托，成员之间共享着相似的知识基础。但是创业过程充满不确定性，需要不断试错和验证，并在此基础上不断修正组织知识和记忆。

核心创业者或创业发起者对团队成员的选择，决定了创业团队管理的基础架构，这是实现有效的创业团队管理的重要前提。

（二）创业团队的三维结构

创业团队可以从动机结构、知识结构和情感结构三方面入手来实施结构管理。

1. 动机结构

动机结构是创业团队实现理念和价值观认同的关键因素，其关键在于注重创业团队成员理念和价值观的相似性。当创业团队成员之间价值观不同时，想干事业的成员可能不会过分关注短期收益，而怀揣物质、金钱动机的成员则更看重短期收益。因此，相似的理念和价值观，有助于创业团队保持希望点和方向的一致，有助于创业团队克服创业挑战而逐步成功。

2. 知识结构

知识结构反映的是创业团队成功创业的能力素质，其核心是以完成创业任务为目标，充分利用知识和技能的互补性，强调创业团队有完备的能力来实施创业项目。

3. 情感结构

情感结构是创业团队维持凝聚力的重要保障，其重点是注重年龄、学历等不可控因素在创业团队中的影响。中国文化注重层级和面子关系，如果创业团队成员在年龄和学历上差距过大，当成员之间发生冲突和争辩时，容易导致彼此感觉丢面子，从而演变为情感性冲突。一旦出现这种情况，创业团队将不得不把时间和精力浪费在沟通方式设计和内部矛盾化解上，内耗大于建设，不利于创业成功。

创业团队的结构管理是兼顾三方面结构要素的平衡过程，三方面组合的短板效应十分明显。现实中，创业者经常会过分重视知识结构的互补性，对情感结构管理和动机结构管理重视程度不够，一旦创业出现困难和障碍，马上会转变为创业团队的内耗和冲突。

随堂训练

《西游记》中由唐僧率领的四人团队是一支"黄金组合"的创业团队。四个人的性格各不相同，却有着相互不可替代的优势。唐僧使命感很强，有较好的组织设计能力，注重工作标准和行为规范，因此他担任团队的主管，是团队的核心；孙悟空武功高强，是取经路上的先行者，能迅速洞察问题、完成任务，是团队业务骨干；猪八戒好吃懒做，看似实力不强，但他善于活跃工作气氛，使取经之旅不太沉闷，是沟通能手；沙僧勤恳、踏实，平时默默无闻，关键时刻他能不乱阵脚、稳定局面。

💡 思考

什么是创业团队组合的重要原则？怎样实现创业团队的有效分工？

（三）结构与过程互动

建立促进合作和学习的决策机制，是发挥创业团队结构优势、进而成功创业的重要途径。创业能否继续下去，在很大程度上取决于核心团队成员能否看到其他人的长处，不断相互学习。具体而言，创业团队的互动过程应做到以下两点：

第一，营造合作式冲突的氛围和文化。

创业团队成员之间一定会有冲突，解决冲突的关键在于创业团队要遵循一致的目标，鼓励大家要多看对方观点和建议的优势、价值，不要认为对方在挑战自己的权威。合作式冲突的氛围和文化，往往能够充分调动每个人的潜能和专长，形成相对有效的决策机制。

第二，避免竞争式冲突。

创业团队成员之间的观点之争，目的是针对某一议题达成共识，而不是固执地认为自己观点正确，听不进去其他成员的观点和意见。

在创业过程中，不但需要充分吸收多样化的观点，而且需要保证快速决策。因此，在创业团队中，既需要有鼓励成员充分发表看法和观点的开放性机制，同时也需要快速形成决策结果的集中性机制。

拓展活动

主　　题：《西游记》中师徒四人组成的西游团队的团队协作。

目　　标：分析团队组建、取经途中的挫折与成功，以及团队成员的个性特征。

建议时间：45 min。

活动过程：

（1）教师将学生分组，每组 4 人。

（2）每个人分别扮演一个角色，表演取经途中的一个片段。

（3）互换角色，再扮演，找出角色特点，并进行分析。

（4）每个组选出一个代表，汇报在团队组建、团队管理等方面的心得。

（5）教师进行点评和总结。

思考与讨论

1. 创业团队有哪些类型？

2. 讨论如何组建创业团队。

3. 大学生应如何从自身做起融入创业团队？

5

模块五

创业机会与创业风险

名言警句

我们多数人的毛病是，当机会朝我们冲奔而来时，我们兀自闭着眼睛，而很少能够去追寻自己的机会，甚至在被机会绊倒时，还不能看见它。

——卡耐基

学习目标

1. 了解创业机会的概念及其特征。
2. 掌握识别创业机会的方法和技巧。
3. 掌握评价创业机会的准则。
4. 了解创业模式的概念、类型及选择原则。
5. 了解创业风险的来源和分类，掌握创业风险的识别、防范、规避方法。
6. 了解创业的相关政策及创业中的法律问题。

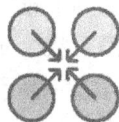

主题一

识别和评估创业机会

目标要求

知识：了解创业机会的概念、创业环境的现状和未来发展趋势、创业项目的分类，
　　　　掌握选择创业项目的步骤和策略；了解评价创业机会的方法。

能力：能够运用 SWOT 分析法分析创业环境；初步掌握识别和评估创业机会的方法和技巧。

素质：培养良好的创业洞察力。

热身活动

人们常说，机会只留给有准备的人。谁也不知道机会什么时候降临，但乐于与人沟通、善于搜集信息的人往往是容易抓住机会的人。假如有个人正在问路，被询问的四个人都恰好跟他同路，但他们做出了不同的反应：

甲：告诉他同路，让他跟在后面走。

乙：告诉他走法，自己走另一条路。

丙：告诉他走法，自己跟在后面走。

丁：告诉他同路，可以一起走。

你认为四个人当中哪个人有可能是善于把握机会的人？为什么？

一、创业机会的概念、特征与来源

（一）创业机会的概念

创业机会是指创业者可以利用并实施创业活动的时机。要了解创业机会，我们需要厘清创意、商业机会、创业机会这三个概念。

（1）创意是一种思想、概念或想法。它来源于闲置的资源、没有解决的问题、趋势的把握等。它和点子的区别在于创意具有创业指向，创业的人很快甚至同时就会把创意发展为可以在市场上进行检验的商业概念。

（2）商业机会是指能实现某种商业营利目的、有吸引力的、较为持久的、适时的商务活动空间。它涵盖了有利于企业产品开发和市场开拓、能促进企业经济效益提高、有利于企业摆脱困境等方面的信息、条件、事件等。

（3）创业机会主要是指具有较强吸引力的、较为持久的、有利于创业的商业机会，创业者据此可以为客户提供有价值的产品或服务，并同时使创业者自身获益。

随堂训练

哈利是闻名退迩的美国奇才。他十五六岁时在一家马戏团的马戏场里卖零食。因为看马戏的人不多，所以买东西吃的人就很少，买饮料喝的人更少。于是，哈利就想了一个办法：向买票看节目的人赠送花生，以此吸引观众。但是老板拒绝了他的建议。哈利劝老板说，如果赔本了，买花生的钱可以从自己的收入里扣；如果赚钱了，自己拿一半就可以了。最后老板答应试试看。

从此，马戏团每场演出开始之前，哈利都卖力地招揽观众去看节目、免费吃花生，观众比往常多了很多。观众入场后，哈利就开始兜售饮料。大多数观众因为吃完花生口渴都会买饮料喝，这样哈利的营业额比以前增加了十几倍。

事实上，哈利在炒花生的时候加了少量的盐，这样不仅花生味道更好，而且观众越吃越渴，饮料的生意就越来越好了。

思 考

如果你是哈利，你会用别的创意来增加营业额吗？

（二）创业机会的特征

好的创业机会具备以下特征：

（1）它在你的商业环境中行得通。

（2）它必须在机会之窗存在的有效期间被实施。机会之窗是指商业想法推广到市场上去所花的时间，若竞争者已经有了同样的思想，并已把产品推向市场，那么机会之窗也就关闭了。

（3）它能吸引足够的顾客群。

（4）创业者必须有资源（人、财、物、信息、时间）和技能才能创立业务。

（三）创业机会的来源

1. 发展变化

创业的机会大都产生于不断变化的市场环境。环境变化了，市场需求、市场结构必然发生变化。著名管理大师彼得·德鲁克将创业者定义为那些能"寻找变化，并积极反应，把它当作机会充分利用起来的人"。这种变化主要来自产业结构的变动、消费结构的升级、城市化的加速、人口思想观念的变化、政府政策的变化、人口结构的变化、居民收入水平的提高、全球化趋势等诸方面。

比如居民收入水平提高，私人轿车的拥有量将随之增加，这就会派生出汽车销售、修理、配件、清洁、装潢、二手车交易、陪驾等诸多创业机会。

2. 问题需求

创业的根本目的是满足顾客需求。而顾客需求在没有得到满足前就是问题。寻找创业机会的一个重要途径是善于发现和体会自己或他人在需求方面的问题或生活中的难处。比如，某市有一位大学毕业生，发现远在郊区的本校师生往返市区十分不便，便创办了一家客运公司解决交通不便问题，这就是把问题转化为创业机会的成功案例。

3. 竞争

如果你能弥补竞争对手的缺陷和不足，这也将成为你的创业机会。看看你周围的公司，你能比他们更快、更可靠、更便宜地提供产品或服务吗？你能做得更好吗？若能，你也许就找到了创业机会。

4. 新知识、新技术的产生

随着新知识、新技术的产生，与之相关的各行各业都掀起了一场革命，在新旧知识、技术的碰撞中，也孕育着创业的机会。

5. 创造发明

创造发明提供了新产品、新服务，能更好地满足顾客需求，同时也带来了创业机会。比如随着计算机的诞生，计算机维修、软件开发、计算机操作培训、图文制作、信息服务、网上开店等创业机会随之而来，即使你不发明新的产品，你也能成为销售和推广新产品的人，从而给你带来商机。

随堂训练

讨论一下你熟知的创造发明。

二、创业环境的现状与趋势

（一）创业环境综述

创业环境是指那些与创业活动相关联的因素的集合，包括宏观环境、行业环境和微观环境。

宏观环境又叫总体环境，是指那些给企业带来市场机会或造成环境威胁的主要社会力量，包括政治、经济、社会、技术、自然和法律等因素。

行业是指提供同一类产品（或服务）或具有可替代性产品（或服务）的企业群。行业环境包括行业的生命周期阶段、行业的进入与退出障碍、行业的需求及竞争状况、行业主导技术的发展趋势，以及行业的发展前景。

微观环境是指企业的顾客、竞争者、营销渠道和有关公众等对企业营销活动有直接影响的各种因素。

创业环境是一个多因素、多层次而且不断变化的综合体。创业环境的发展变化，既可以给企业带来市场机会，也可以对企业造成威胁。创业者通过对创业环境的分析和研究，可以认识到自己的优势和劣势，从而识别出企业自身在资源和技能等方面的限制，以及自身与众不同的能力，确定哪些机会可以发掘，哪些因素会给组织带来不利影响，造成威胁，以便把握有利时机，规避风险，实现企业的目标。

（二）创业环境现状

自李克强总理提出"大众创业、万众创新"以来，国家先后推出多项针对创业的优惠政策，鼓励和支持大学生自主创业。同时各级政府也适时推出了针对职业院校学生的创业园、培训中心等机构，帮扶学生创业。

但是我们需要清醒地看到，大学生自主创业的现状并不是很乐观，问题集中表现在以下两个方面：

第一，自主创业科技含量低，成功率低。大学生在校参加的自主创业计划大赛，大多数项目都是关于高新技术的。但当大学生毕业后，要凭个人之力创办高科技企业，却往往显得势单力薄。而作为近似完全理性人的风险投资公司，当然不愿意为学生创业这类规模小、风险大的企业投资。因此，大多数大学生在创业时选择了启动资金少、容易开业且风险相对较小、较容易操作的传统行业，如餐厅、咨询、零售等行业。这一方面可以节约成本，另一方面也可以先积累经验。

第二，热情高涨，但付诸实践者实为少数。虽然近年来，大学生自主创业的热情仍然不减，但是真正加入自主创业行列的人却逐年减少。目前，我国大学生创业还处于起步阶段，自主创业的实际人数不多，占学生总数的比例不大。

（三）大学生创业趋势

目前，我国的大学生创业呈现四个明显趋势：

第一，大学生自主创业迎合了产业发展转向"知识经济"的趋势。

第二，严峻的就业形势要求更多的学生选择创业之路。

第三，创业者的创业行为更加理性，创业项目更加多样。

第四，大学生自主创业得到政府的支持和社会的关心。

随堂训练

自 1999 年清华大学承办首届"挑战杯"中国大学生创业计划竞赛以来，自主创业就开始成为社会各界关注的焦点之一。虽然清华大学有相对比较好的创业环境，但是选择自主创业的人并不多，只占清华学生总数的 2% 左右；而在美国，像斯坦福等知名大学，学生创业的比例可以达到 10%。

💡 思 考

（1）为什么我国高等学府的在校生对创业不太感兴趣？

（2）为将创新创业思维完全融入传统教育理念，你对我国创新创业教育工作有什么好的建议？

三、认识创业项目

创业项目指创业者为了达到商业目的而具体实施和操作的项目。

创业项目的分类如下：

（1）从方法上来看，创业项目分为实业创业和网络创业。

（2）从观念上来看，创业项目分为传统创业、新兴创业及最新兴起的微创业。

（3）从方式上来看，创业项目分为自主创业、加盟创业、体验式培训创业和创业方案指导创业。自主创业需要对资金、人员、场地、产品等多项内容进行系统性规划，创业起步较高，风险较大；加盟方式比较普遍，而且比较正统、专业、规模化。

（4）从投资上来看，创业项目分为无本创业、小本创业、微创业等。

案例分享

张玲，某职业院校学生，大学期间曾在学生会担任职务。毕业后，跟朋友在自己老家合伙开了一家宠物用品店。

进入大学时，张玲二十岁，她认为已经到了自己为家里分担一些负担的时候。

她开始了大学的兼职生涯。通过努力，自己用兼职所得和奖学金解决了大学学习所需的一切费用。在兼职的过程中，她有一些想法：给别人打工，不如自己当老板；虽然我们没有选择家庭的权利，但却有选择个人道路的机会；虽然我现在贫穷，但我并不害怕，因为未来是靠我自己努力争取的。

2013 年实习的时候，张玲去一家房地产中介公司担任销售经理，但是总是感觉给别人打工不是自己想要的生活，然后就辞职了。后来，她开了一家网店，一边经营网店一边考察项目，考察了很久，觉得宠物店比较热门，于是开始学习相关知识。在学习的过程中，张玲发现这个项目十分符合自己的性格和兴趣。

2014 年初，她正式开始实施宠物店计划，先后考察了多个地方；最后，在家乡一个人口比较密集的生活区选定了一间门面房，简单装修了一下，进了宠物用品，然后就开始营业。现在的宠物店已经盈利能力很强了。

💡 启 示

张玲的成功在于，她能够根据自身优势，准确选择适合自己的创业项目，并且制订了比较合理的创业计划。社会上创业项目千千万，只有适合自己的才是最好的。

四、创业机会的识别与评估

创业者应该在日常生活中有意识地加强实践，培养和提高自己发现创业机会的能力。一是要多看、多听、多想；二是要养成良好的市场调研习惯；三是要培养独特的思维角度。

识别创业机会的技巧有很多，这里列举几个代表性技巧。

（一）四步甄选法

对创业者来说，识别创业机会的最简单的方法就是四步甄选法，即按照创业机会的原始市场规模、存在的时间跨度、市场规模随时间增长的速度、可实现性等四个方面研判自己面临的机会能否成为创业机会。这种方法清晰明了地展示了创业机会蕴含的核心因素。

（二）SWTO 分析法

SWOT 四个英文字母分别代表：优势（strength）、劣势（weakness）、机会（opportunity）、威胁（threat）。创业者需要用 SWOT 分析法对发现的创业机会进行综合分析，摸清楚优势、劣势、机会和威胁，并按照矩阵形式排列，把各种因素匹配起来加以分析，对研究对象所处的情景进行全面、系统、准确的研究，从而根据研究结果制订相应的发展战略、计划及对策等，并从中得出一系列的结论。

（三）通过创造获得机会法

创业者可以通过对国家经济发展趋势的研判、科技技术的应用可行性分析、竞争对手的缺陷中隐藏的商机、市场空白隐藏的商机、资源整合等多个渠道创造创业机会，从而促成创业的成功，但是通过创造获得创业机会，比其他任何方式的难度都大，风险也更高，当然收益也会较普通创业高出许多。

案例分享

美国"牛仔大王"李维斯的故事多年来一直为人们津津乐道。

19 世纪 50 年代，李维斯像许多年轻人一样，带着发财梦前往美国西部淘金。途中一条大河拦住了去路，李维斯设法租船，做起了摆渡生意，结果赚了很多钱。在矿场，李维斯发现采矿工出汗多，但饮用水紧张，于是别人采矿他卖水，又赚了很多钱。李维斯还发现，由于跪地采矿，许多淘金者裤子的膝盖部分容易磨破，而矿区有许多被人丢弃的帆布帐篷，他就把这些旧帐篷收集起来洗干净，做成裤子销售，"牛仔裤"就这样诞生了。李维斯将问题变成商机，最终实现了他的财富梦想。

启 示

李维斯多次把握创业机会，并取得创业成功，与他对创业机会的识别技巧是分不开的。

拓展活动

主　　题：为你的同伴设计钱包（钱包也可以换成其他物品）。

目　　标：体验如何识别创业机会。

建议时间：30 min。

活动过程：

（1）教师将学生分组，每组 5 人。

（2）每组找一人（同伴）作为用户，然后观察用户的钱包 2 min。

（3）通过交谈，了解用户对钱包的需要，并洞察其内心真正的需要。

（4）问题重构：我们怎样才有可能……

（5）画出 2 个解决方案草图。

（6）测试用户对草图的想法，并获得反馈。

（7）反思并产生新的想法。

（8）制作钱包原型。

（9）分享方案，并获得反馈。

（10）教师进行点评并总结。

思考与讨论

1. 怎样识别创业机会？
2. 讨论一下身边存在哪些创业机会。

创业模式

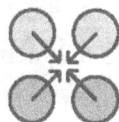

知识：了解什么是创业模式，了解创业者应该如何选择创业模式。

能力：能选择适合自己或团队的创业模式。

素质：培养良好的创业洞察力，培养创业意识。

到大学生科技创业园走访至少5家大学生创办的公司，了解这些公司的创业模式、经营状况，分析讨论哪些模式适合创意小店的创业。

一、创业模式的概念与类型

（一）创业模式的概念

创业模式是指创业者为保障自身的创业理想与权益对各种创业要素的合理搭配，包括创业的方式确定、创业的组织形式、创业的行业选择。

（二）创业模式的类型

创业模式没有统一的类型规定，比较被认可的有以下六大模式。

1. 白手起家

白手起家是从无到有、从零开始的创业模式。犹如先有了一个鸡蛋，用蛋孵出了小鸡，鸡再生蛋，蛋再生鸡，从而一步步地积累资产进行创业。

白手起家是最困难的创业模式，因为缺少资金、没有人脉，只能艰苦奋斗，一点一滴地积累和摸索。

2. 网络创业

网络创业是一种比较新的创业模式。在网络时代，互联网是最大的社交媒介，创业者可以借助互联网现成的网络资源，如淘宝、拍拍等，在网上注册成立网络商店；也可以网上加盟，以某个电子商务网站的门店的形式，利用母体网站的货源和销售渠道经营。网络创业不用从头开始，相对比较容易。但网络创业需要具备一定的技术基础，熟悉网络基本操作，比如发送邮件、实时聊天、网店维护、图片处理等。网络创业，信誉尤为重要。

随堂训练

说一说你对网络创业的认识，潜在创业机会有哪些？

3. 在家创业

在家创业起源于美国20世纪80年代后期。在家创业，就是独立工作，不隶属于任何组织，不向任何雇主做长期承诺。在家创业成本低，节省资金，时间自由。

4. 收购现有企业

收购现有企业主要有两种方式：一种是接手经营别人的公司，例如饭店、发廊、服装店。另一种是收购公司重组转卖，低价买进，高价卖出。原有企业已经具备一定的基础，收购者不用从头开始，节省时间。但是收购原有企业存在一定风险，收购者要有眼光，收购前要对企业做全面的了解，仔细评估。

5. 加盟

加盟也称特许经营，通过分享品牌金矿、经营诀窍、资源支持，采取直营、委托加盟、特许加盟等形式连锁经营，投资金额根据商品种类、店铺要求、加盟方式、技术设备的不同而不同。加盟者不必自己探索开创新事业的路子，只需向加盟商支付一定的加盟费，就可以经营一个知名的品牌，并长期得到特许者的业务指导和服务。

调查资料显示，在相同的经营领域，个人创业成功率低于20%，而加盟创业成功率高达80%～90%。

6. 代理

代理是指货主或生产厂商（委托人），在规定的地区和期限内，将指定商品交由客户代销的一种贸易方式。其做法是由委托人与代理人签订代理协议，授权代理人在一定范围内代表他向第三者进行商品买卖或处理有关事务，如签订合同及其他与交易有关的事务等。

代理人在授权范围内以委托人的名义行事。代理双方属于一种委托和被委托的代销关系。在代理业务中，代理商只是代表委托人招揽客户、招揽订单、签订合同、处理货物、收受货款等，并从中赚取佣金，代理商不必动用自有资金购买商品，不负盈亏。

代理是一种很常见的创业方式，借助别人的品牌发展自己的事业，投资少，见效快，但需要眼光独到。

二、创业模式的选择

创业是有风险的，对有志创业的学生来说，选择以下几种创业模式相对会容易一些。

（一）科技服务

大学生根据自己的兴趣爱好，结合所学专业做出的一些科研成果，往往难以转化成商品，更无法将它们直接用于创业。另外，一些中型企业会有许多科技难题，大学生可以通过老师、学校加强与企业的联系，将企业的科技难题作为科研课题，为企业提供科技服务。如果某项科技服务成果能成为大企业的一个长期的配套产品或服务，创业者便拥有了一个稳定发展的基础。

（二）科技成果应用

大学生可以利用自身的知识及学校资源，进行科技成果应用开发。不一定要把眼光放在能改变社会生活的大项目上，只要能找到与人们日常生活相结合的一个点，就有可能做成大市场。

（三）校园周边开店

在校园周边开店，可以充分利用高校的学生顾客资源，而且由于熟悉同龄人的消费习惯，因此入门较为容易。此外，由于学生经验和资金有限，一般不可能选择热闹地段开店，因此推广工作显得尤为重要。可以选择在校园里张贴广告、和社团联办活动等，这样才能使自己的业务广为人知。

随堂训练

列举学校周边的店铺，尝试分析一下他们的盈利模式。

（四）电子商务

电子商务成本低，不受时间、空间限制。大学生对计算机比较熟悉，可以用自己的知识、技能进行网上创业，从事电子商务活动。做电子商务，不应仅停留在网上开店、买卖传统商品上，应该结合自己的特长提供一些网上智力服务，或一些有创意的电子商务。例如学国际贸易的学生可以通过网络寻求国际订单，为传统行业提供网络销售，为要走出去的中小企业提供外部信息，提供虚拟办公服务等。

（五）智力服务

智力服务，就是通过全新的经营理念与产业化运作机制，形成智力服务提供商、智力服务需求方及业务销售人员三方共赢的合作模式。大学生应发挥自己的知识优势，做一些与知识和专业相关的智力服务，并把它合理地转换为适合自身的创业模式。从事这些服务，几乎用不着固定资产和流动资金投入，依靠的几乎完全是智力。比较典型的智力服务包括信息服务、咨询服务、策划服务、调查服务、评估服务、认证服务、设计服务、鉴定服务、律师服务、会计服务、翻译服务、报关服务、文学服务、艺术服务、导游服务、婚庆服务等。

（六）创意小店

大学生年轻有朝气、思维活跃、喜欢新鲜时尚的东西，创意小店的经营相对简单，对社会经验、管理水平、营销技巧、资金要求不高。因此，大学生可以发挥自己的特长，开一些有创意的小店，例如创新的蔬果店、甜品店、绣品工艺品、DIY店、个性家饰店、饰品店等。

拓展活动

主　　题：0元大挑战。
目　　标：认识并实践未来可能的创业模式。
建议时间：30 min。
活动过程：
（1）启动仪式：每小组派一个代表作为小组的监督员与统计员。
（2）各小组签署承诺书（涉及资金的使用及收益的合法性）。
（3）进入挑战环节：30 min的时间，各小组利用自身优势，判断各种创业模式的可行性，尽最大可能实现收益，收益最高小组获胜。
拓展思考：
（1）哪一组挣钱最多？经验是什么？
（2）30 min意味着什么？

（3）在这个过程中，你们动用了什么资源？对创业模式的选择有没有比较直接的认识？

思考与讨论 ....

1. 创业模式的类型有哪些？
2. 适合职业院校学生的创业模式有哪些？尝试对其进行 SWOT 分析，并将分析结果作为后续学习的基础。

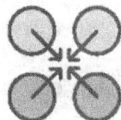

主题三

创业风险

知识：了解创业风险的概念及分类。

能力：掌握识别、规避主要创业风险的方法。

素质：培养规避、防范创业中面临的各种风险的意识。

热身活动

美国学者威雷特说："风险是关于不愿发生的事件发生的不确定性的客观体现。"

日本学者武井勋归纳提出了风险的三个基本要素：风险与不确定性有差异；风险是客观存在的；风险是可以预测的。

分组讨论：如果开一家创意小店，可能会遇到哪些风险？如何规避？

一、创业风险概述

（一）创业风险的概念

创业风险包含广义和狭义两个方面。

广义的创业风险是指由于创业结果的不确定性而产生的风险。如果创业失败，那么创业投入的人、财、物、精力、时间、人脉资源等都将损失，而且由于选择创业而放弃就业，还会给创业者带来就业收入损失。

狭义的创业风险是指在创业过程中所遇到的各类风险，如投资风险、人力资源风险、政策风险、市场风险、选址风险等。如果处理不好，其中任何一项有风险，都会给创业带来灭顶之灾。

（二）创业风险的类型

根据不同的分类标准，创业风险可以分为不同类型。

1. 按风险来源划分

按风险来源划分，可分为主观创业风险和客观创业风险。主观创业风险是指在创业阶段，由于创业者的身体与心理素质等主观方面的因素产生的风险。客观创业风险是指在创业阶段，由于客观因素而产生的风险，如市场的变动、政策的变化、竞争对手的出现、创业资金缺乏等。

2. 按风险内容划分

按风险内容划分，可分为技术风险、市场风险、政治风险、管理风险、生产风险和经济风险。

（1）技术风险是指由于技术方面的因素及其变化而产生的风险。

（2）市场风险是指由于市场情况的不确定性而导致创业者或创业投资者蒙受损失的风险。

（3）政治风险是指由于战争、国内外关系变化或政权更迭、政策改变而产生的风险。

（4）管理风险是指因创业企业管理不善产生的风险。

（5）生产风险是指创业企业提供的产品或服务从小批试制到批量生产而产生的风险。

（6）经济风险是指由于宏观经济环境发生大幅度波动或调整而使创业者或创业投资者蒙受损失的风险。

3. 按创业投资的影响程度划分

按创业投资的影响程度划分，可分为安全性风险、收益性风险和流动性风险。

（1）安全性风险是指从创业投资的安全性角度来看，不仅预期实际收益有损失的可能，而且投资者与创业者自身投入的其他财产也可能蒙受损失，即投资方财产的安全存在危险。

（2）收益性风险是指创业投资的投资方的资本和其他财产不会蒙受损失，但预期实际收益有损失的风险。

（3）流动性风险是指投资方的资本、其他财产及预期实际收益不会蒙受损失，但资金有可能不能按期转移或支付，造成资金运营的停滞，使投资方蒙受损失的风险。

4. 按创业过程划分

按创业过程划分，可分为机会的识别与评估风险、准备与撰写创业计划风险、确定并获取创业资源风险和新创企业管理风险。

（1）机会的识别与评估风险。指的是在机会的识别与评估过程中，由于各种主客观因素，如信息获取量不足、把握不准确或推理偏误等使创业一开始就面临方向性错误的风险。另外，机会的识别与评估风险还包括由于创业而放弃了原有的职业所面临的机会成本风险。

（2）准备与撰写创业计划风险。指的是创业计划的准备与撰写过程带来的风险。创业计划往往是创业投资者决定是否投资的依据，因此，创业计划是否合适，将对具体的创业产生影响。创业计划制订过程中的各种不确定性因素与制订者自身能力的限制，也会给创业活动带来风险。

（3）确定并获取创业资源风险。指的是由于存在资源缺口，无法获得所需的关键资源，或即使可获得，但获得的成本较高，从而给创业活动带来的风险。

（4）新创企业管理风险。主要包括管理方式、企业文化的选取与创建、发展战略的制订，以及在组织、技术、营销等各方面的管理中存在的风险。

5. 按创业与市场和技术的关系划分

按创业与市场和技术的关系划分，可分为改良型风险、杠杆型风险、跨越型风险和激进型风险。

（1）改良型风险是指利用现有的市场、现有的技术进行创业所存在的风险。这种创业风险低，但要想生存和发展，获取较高的经济回报也比较困难。

（2）杠杆型风险是指利用新的市场、现有的技术进行创业存在的风险。

（3）跨越型风险是指利用现有市场、新的技术进行创业存在的风险。该风险稍高，主要体现在创新技术的应用方面，常见于企业的二次创业，出彩者可获得一定的竞争优势，但模仿者很快就会跟上。

（4）激进型风险是指利用新的市场、新的技术进行创业存在的风险。对个体创业者而言，其优势在于竞争风险较低，但是知识产权保护力度很弱，市场需求不确定，确定产品性能有很大的风险。

（三）创业风险的来源

随堂训练

案例1——计算机系学生小明毕业后，打算创业开办手游公司，计划融资 500 万元，寻找关系好的同学一起创业。

案例2——小强大学毕业后，办起了一家清洁公司，为了打开市场，天天跑外承揽业务。接到第一笔业务后，小强非常高兴，给予客户很大优惠，并赶忙找工人干活。没想到工程多次返工，最终结账时一算，赔了。

💡 思考

1. 小明可能遇到哪些风险？如何防范这些风险？
2. 小强遇到了哪些风险？怎么做才有可能规避该风险？
3. 你是如何理解创业风险的？

在创业过程中，创业者需要投入大量的物力、人力和财力，要引入和采用各种新的市场资源和生产要素，要建立新的制度，或者对现有的管理体制、业务流程、组织结构、工作方法进行变革。这个过程中必然会遇到各种意想不到的情况，从而有可能使结果偏离创业的预期目标，产生各种风险。创业风险主要来源于以下几个方面：

1. 缺乏社会资源

企业创建、市场开拓、产品推广等工作都需要调动社会资源，大学生在这方面会感到非常吃力。平时应多参加各种社会实践活动，扩大自己的人脉资源。创业前，可以先到相关行业工作一段时间，获得一定的创业经验，为自己日后的创业积累人脉。

2. 盲目选择项目

创业前，如果缺乏前期市场调研和论证，只是凭自己的兴趣和想象来决定投资方向，甚至仅凭一时心血来潮做决定，一定会碰得头破血流。

在创业初期，一定要做好市场调研，在了解市场的前提下进行创业。一般来说，大学生进行创业，由于资金实力较弱，选择启动资金不多、人手配备要求不高的项目，从小本经营做起比较适宜。

3. 资金不足

创业者在创业过程中会遇到资金不足的问题。企业创办起来后，就必须考虑是否有足够的资金支持企业的日常运作。对于初创企业来说，如果连续几个月入不敷出，或者因为其他原因导致企业的资金流中断，都会给企业带来极大的威胁。相当多的企业会在创办初期因资金短缺而严重影响业务的拓展，甚至错失商机。

4. 缺乏创业技能

很多大学生创业者眼高手低，当创业计划转变为实际操作时，才发现自己根本不具备解决问题的能力，这样的创业无异于纸上谈兵。大学生在创业前，应去企业打工或实习，积累相关的管理和营销经验；另外，还应积极参加创业培训，积累创业知识，接受专业指导，提高创业成功率。

5. 管理能力不足

有些大学生虽然技术出类拔萃，但理财、营销、沟通、管理方面的能力不足。要想创业成功，必须技术、经营两手抓，可从合伙创业、家庭创业或虚拟店铺开始，锻炼创业能力，也可以聘用职业经理人负责企业的日常运作。

6. 团队成员出现意见分歧

现代企业越来越重视团队的力量，一个优秀的创业团队能使初创企业迅速地发展起来。但与此同时，风险也蕴含在其中，团队的力量越大，风险也就越大。当创业团队的核心成员在某些问题上产生意见分歧而不能统一时，就极有可能会对企业造成毁灭性的打击。

7. 行业竞争

市场有竞争是必然的。如何面对竞争是每个企业都要随时考虑的事，而新创企业更是如此。如果创业者选择的是一个竞争非常激烈的行业，那么在创业之初就极有可能受到同行的强烈排挤。一些大企业为了把小企业吞并或挤垮，常会采用低价销售的手段。对大企业来说，由于规模效益或实力雄厚，短时间的降价并不会对它造成致命的伤害，但对初创企业而言，则可能意味着彻底毁灭。因此，考虑好如何应对来自同行的残酷竞争，是初创企业面临的生存第一课。

8. 缺乏核心竞争力

创业的目标是不断发展壮大企业，因此企业是否具有自己的核心竞争力是创业能否成功的关键。一个依赖别人的产品或市场来打天下的企业是永远不会成长为优秀企业的。核心竞争力在创业之初可能不是最重要的因素，但要谋求长远的发展，就成为不可忽视的因素，因为没有核心竞争力的企业终究会被淘汰出局。

9. 人力资源流失

一些研发、生产或经营性企业需要面向市场，大量的高素质专业人才或业务队伍是这类企业成长的重要基础。防止专业人才及业务骨干流失，应当是这类企业创业者时刻注意的问题，在那些依靠某种技术或专利创业的企业中，拥有或掌握这一关键技术的业务骨干的流失，是创业失败的最主要风险源。

二、创业风险的识别

风险识别是应对一切风险的基础，只有识别出了风险，才有可能化解风险。同时，风险也是一种机会，应该开拓、利用、发挥它的积极作用。当避免不了风险时，可以考虑管理风险，使风险可控制、可接受。

对风险进行识别，可以采用情景计划（scenario planning）法，它按照企业经营的全过程，对经营过程进行情景化描述，从理清企业经营理念、分析经营环境与竞争定位到情境开发、测试、战略方案设计与分析，以及后续的持续的变革管理。在描述情景的同时，对企业面对的风险进行识别。

除了运用情景计划法进行风险识别，还应注意以下几个方面：

（1）从人为因素和自然因素两个方面入手，掌握风险识别的基本途径。

（2）了解识别风险的方法和步骤，即信息收集、风险识别、重点评估、拟订计划。

（3）树立风险识别的基本理念。创业者应该努力具备有备无患的意识、识别风险的能力、未雨绸缪的观念、持之以恒的思想、实事求是的精神。

（4）在风险识别过程中要注意做到：信息收集要全面、因素罗列要全面、最终分析要综合。

同时，还要注意，无论采用的方法多么先进，分析得多么彻底，都不要期望可以识别出所有的风险。企业经营过程中有很多不可控因素，因此，创业者要随时做好应对风险的准备。

拓展活动

主　　题：你发现了哪些创业风险？

目　　标：认识风险并评估风险。

建议时间：15 min。

活动过程：

（1）分享六个事件：

① 马云玩足球——2014年，马云用12亿元收购广州恒大足球俱乐部50%的股权。

② 三大咖携手挺进O2O——2014年8月，万达与百度、腾讯共同打造全球最大O2O电子商务公司，首期投资人民币50亿元。

③ 贝思客——互联网蛋糕品牌，可在线订购各种蛋糕，专人配送上门。

④ 37健康——以高血压病为切入点，主打慢性病管理的健康服务平台，主要业务是采集数据、提供服务、精准推荐。

⑤ 乐博乐博——北京乐博乐博教育科技有限公司，通过线下培训班的形式，专注于3~18岁青少年机器人编程教育，目前拥有多家直营店、加盟店。

⑥ 蓝橡树——美国一家从事电子类垃圾回收再利用的公司。公司与垃圾回收者合作，垃圾回收者将含有贵金属的电子垃圾送到公司，公司向垃圾回收者收取前期加工费，然后在提炼了金属并出售后，将大部分利润回馈给垃圾回收者。

（2）各小组选择一个或多个组员了解的事件。

（3）小组讨论，指出事件风险。

拓展思考：

试着分析引起该风险的因素和可能出现的损失，并给该风险归类。

思考与讨论

1. 创业会面临哪些风险？
2. 如何识别创业风险？
3. 结合本主题学习的内容，为自己未来的创业项目进行风险评估。

主题四

创业政策法规

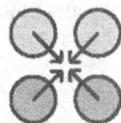

目标要求

知识：了解创业的相关法规和政策，了解企业常见的法律问题。

能力：能够正确地运用国家相关政策；能够掌握企业运营中需要的基本法律常识。

素质：培养良好的创业能力，促进创业活动健康地开展。

热身活动

通过网络、报纸和图书收集大学生创业政策，填写表5-1、表5-2。可重点查询的网站有中华人民共和国中央人民政府、中华人民共和国教育部、中华人民共和国国家发展和改革委员会、中华人民共和国人力资源和社会保障部、中华人民共和国财政部及各级人民政府官网。

表 5-1　不同层面的创新创业政策资料库

层面	资料库
国家层面	
省级层面	
地市层面	
学校层面	

表 5-2 不同内容分类的创新创业政策资料库

类别	资料库
企业注册方面	
税收优惠方面	
场地支持方面	
创业指导方面	
创业服务方面	

一、与大学生创业有关的优惠政策

（一）注册创业政策

大学毕业生在毕业后两年内自主创业，到创业实体所在地的工商部门办理营业执照，注册资本在 50 元以下的，允许分期到位，首期到位资金不低于注册资本的 10%，一年内实缴注册资本追加到 50%以上，余款可在三年内分期到位。

（二）资金贷款政策

各地商业银行、股份制银行和有条件的城市信用社可为自主创业的毕业生提供小额贷款，并简化程序，提供开户和结算便利。贷款额度在 2 万元左右，贷款期限最长为两年，到期需延长的，可申请延期一次。贷款利息按照中国人民银行公布的贷款利率确定，担保最高限额为担保基金的 5 倍，期限与贷款期限相同。

（三）人才服务政策

政府人事部行政部门所属的人才中介服务机构免费为自主创业的毕业生保管人事档案两年；提供免费查询人才、劳动力供求信息，免费发布招聘广告等服务；适当减免参加人才集市或人才劳务交流活动的收费；为创办企业的员工提供一次优惠培训、测评服务。

（四）支持和鼓励新办企业、高技术企业及第三产业的优惠政策

（1）国务院批准的高新产业开发区内的企业，以及有关部门认定为高新技术企业的，可按减 15%的生产率征收所得税；国务院批准的高新技术主业内新办的高新技术企业，自投产年度起免征所得税 2 年。

（2）对新办的独立核算的从事咨询业、信息业、技术服务业的企业或经营单位，自开

业之日起，第一年免征所得税，第二年减半征收所得税。

（3）对新办的从事交通运输业、邮电通信业的企业，自开业之日起，第一年免征所得税，第二年减半征收所得税。

（4）对新办的独立核算的从事公用事业、商业、物资业、对外贸易业、旅游业、仓储业、居民服务业，报经主管税务机关批准，可减征或者免征所得税一年。

（5）企事业单位进行技术转让及在技术转让过程中产生的与技术转让有关的技术咨询、技术服务、技术培训的所得，年净收入在30万元以下的，暂免征收所得税。

（6）对农村及城镇为农业生产产前、产中、产后服务的企业，对其提供的技术服务或实物所取得的收入暂免征收所得税。

（7）对科研单位和大专院校服务于各行业的技术成果转让、技术培训、技术咨询、技术服务、技术承包所得的技术性服务收入暂免征收所得税。

二、企业常见的法律问题

在企业经营过程中，除了需面对各种创业风险以外，还需要留意和规避各种法律风险，如果不小心触犯了法律的底线，前期的各种努力将付诸东流，创业者也会受到相应的法律制裁。因此，创业者需要了解企业运营中会出现哪些法律问题，应该怎样去避免。

一般来说，企业常见的法律问题有以下几个方面。

1. 知识产权管理中的法律风险

这种风险体现在因公司无形资产缺乏必要的、有效的内部制度保护而被非法泄露、传播、复制、仿冒。例如公司缺乏知识产权保护的规划和流程，公司商业秘密缺乏保护措施，公司的知识产权未进行合法、有效、有计划的注册申请，许可他人使用公司知识产权但缺乏有效监管，对侵权行为缺乏必要的制裁措施和行动，等等。

课堂训练

分组讨论一下你对知识产权了解多少。

2. 会计核算、税务申报中的法律风险

会计核算中的法律风险，主要是指公司会计系统缺乏必要的内部控制而存在重大错报，或者会计人员营私舞弊，导致公司资产被挪用或侵占的可能性。

税务申报中的法律风险主要是指公司未依法申报税收，或者税收筹划未获得税务部门认可而导致补交税款或受到行政处罚的可能性。例如公司会计核算系统缺乏必要的分工，缺乏必要、有效的内部控制机制，会计人员存在道德风险，会计核算和财务报告违反法律法规的有关规定等。

3. 人力资源管理中的法律风险

这种风险涵盖人力资源规划、人才发掘、面试谈判、岗位定编及描述、薪酬福利、劳动合同、考勤、社会保险、培训开发、企业文化、岗位调整、绩效考核、离职辞退等事项。例如公司规章制度的设置违反法律法规，聘用员工未履行告知义务或审查员工资料出现偏差，在劳动合同、薪酬支付、工作时间、社会保险等方面的管理上偏离法律法规的规定，辞退员工缺乏相应的流程或违规，员工处于危险的作业环境中但缺乏相应的保障措施等。

4. 公司资产、债权债务管理中的法律风险

公司资产在使用过程中可能会因为管理制度的缺失或人为因素而存在灭失、损坏、报废、侵害他人权益等法律风险。债权债务的法律风险在于因缺乏足够的风险防范措施导致公司无法收回到期债权，或因不及时偿还到期债务而使公司面临被诉讼的风险。

5. 公司设立过程中的法律风险

公司设立过程中的最大法律风险是公司设立不成功，导致股东之间相互追究责任，以及与第三人之间存在的法律风险。同时，还包括因公司设立时的各种文件上或行为上的瑕疵而隐含的法律风险，例如虚假出资或股东出资不足、虚报注册资本、提交虚假材料隐瞒重要事实、抽掉出资、公司注册文件瑕疵等。

6. 公司治理结构中的法律风险

公司内部权力分配和职责分工不清晰，导致管理和执行不明确，影响公司的决策。例如公司未设立分工明确的股东会、董事会、监事会；公司监事或监事会无法履行职责；公司股东会、董事会、监事会、特别委员会无有效的议事规则；公司股东无法享有查阅公司财务报告等股东权利；公司从未或不定期召开股东会、董事会、监事会；公司长期无法形成有效的股东会或董事会决议；公司经理和财务负责人未经过合法机构的选聘；公司高级管理人员忠诚义务和保密义务未得到书面的承诺，或高级管理人员违反忠诚义务和保密义务；公司董事会无法有效掌控经营管理层的活动；等等。

7. 采购、生产开发、销售过程中的法律风险

采购过程中的法律风险主要有：双方未签署合法有效的采购合同；供应商无生产资格或资质，供应商恶意欺诈；供应商无法按期交付；供应商交付数量、质量不符合约定；采购物运输或仓储过程中出现灭失、变质、损坏；供应商因不可抗力而无法履行合同约定的义务等。

生产过程中的法律风险主要有：未遵照法律法规确定的规则生产；产品未取得行政部门的生产许可或质量检测证书文件；侵犯他人知识产权；生产过程中使用的技术、设备、软件未得到合法授权；生产厂房、设备、工艺、管理流程存在重大安全隐患；因缺乏必要的检验检测流程而导致产品质量瑕疵；等等。

销售过程中的法律风险主要有：产品未取得合法销售的批准；销售合同未经过评审；无法满足交付期；质量瑕疵；客户违约；不正当竞争行为；发布违法或虚假广告；等等。

8. 投资、融资项目的法律风险

公司为扩大经营规模必然会向特定领域投资，在投资过程中通常也伴随各种融资活动。公司在投资、融资活动中面临的法律风险包括：投融资项目不符合国家产业政策而未获得行政机关审批，项目未得到相关行政机关立项、论证、测试、审查通过，项目资金链出现问题，项目实施中出现的各种产权、合同、侵权纠纷等。

三、合理创业

创业不仅需要勇气，更需要各种技能和精心的准备。对即将走出学校的大学生来说，创业是艰难的，同时也是美好的，知己知彼方可百战不殆，以下几点建议可以帮助大学生创业者更好地去创业：

（1）面对资金问题，应该引进真正有实力并与自己有相同理念的投资者。

（2）在创业初期不要盲目，一定要做好市场调研。大学生创业者资金实力较弱，应选择启动资金不多、人手配备要求不高的项目，从小本经营做起比较适宜。

（3）由于缺乏创业经验，初出校门的大学生一定要沉下心，可以先就业，经过一段时间的磨炼，积累了一定经验之后再创业，这样创业成功率会更高。

（4）学生创业者必须懂得，任何投资的结果都是成功与失败的混合，所有的成功者经历的磨难都远远大于成功的表面。开办企业必须把握"先难"理念——把最困难的事情放在最首要的位置。分解项目时，注意发现困难点，优先解决难点问题。因为项目运转是系统性的，任何一个环节都不能出现问题，越是困难的就越是最重要的，越是麻烦就越要勇敢面对并首先解决。创业者必须树立创业信念，具有很强的风险意识，才能够承担随时失败的风险。

（5）在校期间，要多参加实习、实训和社会实践，将理论知识与实践相结合，活学活用，努力将专业知识转化为专业技能，只有这样才能做到将所学知识与创业机会有机结合，为创业打好基础。

拓展活动

··

主　　题：对创业风险的再认识。

目　　标：树立防范创业风险的意识。

建议时间：30 min。

活动过程：

（1）每 4～6 人为一组，制作创业知识风险画报。

（2）对小组成员进行分工，策划怎样制作画报。画报完成后，挂在墙上，投票选出最佳作品。

（3）教师进行点评。

思考与讨论

1. 职业院校学生怎样合理创业？

2. 结合本主题的学习内容，详细搜集并认真学习各级政府关于创业的政策和意见，看看针对职业院校学生的政策有哪些。

6

模块六

组建企业

名言警句

思路决定出路，布局决定结局。

——牛根生

凡事预则立，不预则废。言前定则不跲，事前定则不困，行前定则不疚，道前定则不穷。

——《礼记·中庸》

学习目标

1. 掌握常见企业形式及其特点。
2. 理解企业选址的重要性，掌握企业选址的基本流程和技巧；掌握新企业注册的基本流程。
3. 了解创办企业所需资金的来源渠道；能初步分析自筹资金、股权融资、债券融资、风险投资、天使投资等不同资金来源在开办企业中的优势和劣势。
4. 了解创业计划书的意义，掌握创业计划书的结构、核心内容及基本书写步骤，能撰写创业计划书。

企业的形式、选址和注册

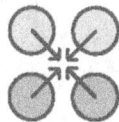

目标要求

知识：了解企业的形式、企业的选址原则、企业的注册流程。

能力：掌握不同形式企业的区别，熟知企业的注册流程。

素质：培养开办企业的素质，具备沟通协调能力。

热身活动

小李同学想在校园周边开一家创意小店，你帮他参考一下，应该如何选址？如何选择企业形式？如何进行企业注册？

一、常见企业的形式和特点

根据《关于划分企业登记注册类型的规定》，将全部企业划分为 3 个大类，18 个中类，部分中类下又设若干小类，如表 6-1 所示。

表 6-1　企业分类目录

代　码	企业登记注册类型
100	**内资企业**
110	国有企业
120	集体企业
130	股份合作企业
140	联营企业

续表

代　码	企业登记注册类型
141	国有联营企业
142	集体联营企业
143	国有与集体联营企业
149	其他联营企业
150	有限责任公司
151	国有独资公司
159	其他有限责任公司
160	股份有限公司
170	私营企业
171	私营独资企业
172	私营合伙企业
173	私营有限责任公司
174	私营股份有限公司
190	其他企业
200	**港、澳、台商投资企业**
210	合资经营企业（港或澳、台资）
220	合作经营企业（港或澳、台资）
230	港、澳、台商独资经营企业
240	港、澳、台商投资股份有限公司
290	其他港、澳、台商投资企业
300	**外商投资企业**
310	中外合资经营企业
320	中外合作经营企业
330	外资企业
340	外商投资股份有限公司
390	其他外商投资企业

现实生活中常见的企业形式大致有以下几种：

1. 个人独资企业

个人独资企业是最古老也是最常见的企业法律组织形式，个人独资企业又称个人业主制企业，是指依法在中国境内设立，由一个自然人投资，财产为投资者个人所有，并对企业债务承担无限连带责任的经营实体。在各类企业当中，个人独资企业创设条件最少。根据《中华人民共和国个人独资企业法》，申请设立个人独资企业需要满足以下 5 个条件：

（1）投资人为一个自然人。

（2）有合法的企业名称。

（3）有投资人申报的出资（国家对其注册资金实行申报制，没有最低限额）。

（4）有固定的生产经营场所和必要的生产经营条件。

（5）有必要的从业人员。

个人独资企业成功与否，依赖于企业所有者个人的技能和能力。当然，企业所有者也可以雇用拥有其他技能和能力的员工。

随堂训练

列举一下你知道的个人独资企业。

2. 合伙企业

如果两个或两个以上的人共同创业，那么可以选择合伙制作为企业的法律组织形式。

根据《中华人民共和国合伙企业法》，合伙企业是指依法在中国境内设立的由各合伙人订立合伙协议，共同出资、合伙经营、共享收益、共担风险，并对合伙企业债务承担无限连带责任的营利性组织。合伙企业包括普通合伙企业和有限合伙企业两种形式。两者最大的区别在于有限合伙企业的合伙人分为两种：普通合伙人和有限合伙人；普通合伙企业的合伙人都是普通合伙人。下面主要介绍普通合伙企业。

设立普通合伙企业除了要有合伙企业名称、生产经营场所以及从事合伙经营的必要条件，还应当满足以下几个条件：

（1）合伙企业必须有两个以上合伙人，合伙人为自然人的，应当具备完全民事行为能力，且能够依法承担无限连带责任。

（2）合伙人应当遵从自愿、平等、公平、诚实信用原则订立合伙协议，合伙协议应载明合伙企业的名称、主要经营场所的地点、经营范围、合伙人出资方式及数额、权责情况等基本事项。

（3）合伙人应当按照合伙协议约定的出资方式、数额和缴付期限履行出资义务。合伙人出资可以用货币、实物、土地使用权、知识产权或者其他财产权利；上述出资应当是合伙人的合法财产及财产权利。合伙人也可以用劳务出资，其评估办法由全体合伙人协商确定。

随堂训练

列举一下你知道的合伙企业。

3. 有限责任公司和股份有限公司

公司是现代社会中最主要的企业形式，它是以营利为目的，由股东出资形成，拥有独立的财产、享有法人财产权，独立从事生产经营活动、依法享有民事权利，承担民事责任，并拥有以其全部财产对公司的债务承担责任的企业法人。公司制作为企业组织形式的最大特点就是仅以其所持股份或出资额为限对公司承担有限责任。公司制还存在双重纳税问题，即公司盈利要上缴公司所得税，创业者作为股东还要上缴企业投资所得税或个人所得税。根据《中华人民共和国公司法》的规定，我国的公司分为有限责任公司和股份有限公司两种类型。

1）有限责任公司

有限责任公司的股东以其认缴的出资额为限对公司承担责任，公司以其全部资产对公司的债务承担责任。创业者设立有限责任公司，除了要有固定的生产经营场所和必要的生产经营条件，还应当具备下列条件：

（1）股东符合法定人数。根据《中华人民共和国公司法》第四十二条规定：有限责任公司由一个以上五十个以下股东出资设立。

（2）股东出资达到法定资本最低限额。一般有限责任公司注册资本的最低限额为人民币三万元，而一人有限责任公司的注册资本最低限额为人民币十万元。法律、行政法规对有限责任公司注册资本的最低限额有较高规定的，从其规定。股东可以用货币出资，也可以用实物、知识产权、土地使用权、股权、债权等可以用货币估价并可以依法转让的非货币财产作价出资，但是法律、行政法规规定不得作为出资的财产除外。全体股东的货币出资金额不得低于有限责任公司注册资本的百分之三十。

（3）股东共同制定公司章程。法律对有限责任公司章程有明确的要求，《中华人民共和国合同法》第四十六条规定有限责任公司章程应当载明下列事项：公司名称和住所；公司经营范围；公司注册资本；股东的姓名或者名称；股东的出资额、出资方式和出资日期；公司的机构及其产生办法、职权、议事规则；公司法定代表人的产生、变更办法；股东会认为需要规定的其他事项。

（4）有公司名称和组织机构。有公司名称，建立符合有限责任公司要求的组织机构。

2）股份有限公司

股份有限公司，其全部资本分为等额股份，股东以其认购的股份为限对公司承担责任，公司以其全部资产对公司的债务承担责任。设立股份有限公司要有公司名称，要建立符合股份有限公司要求的组织机构，有固定的生产经营场所，以及必要的生产经营条件，股份发行、筹办事项要符合法律规定。除此之外，根据《中华人民共和国公司法》规定，还应当具备下列条件：

（1）发起人符合法定人数。设立股份有限公司，应当有一人以上二百人以下为发起人，其中须有半数以上的发起人在中国境内有住所。

（2）发起人认缴和募集的股本达到法定资本最低限额。以发起设立方式设立股份有限公司的，发起人认购公司应发行的全部股份，注册资本为在公司登记机关登记的全体发起人认购的股权总额。以募集方式设立股份有限公司的，发起人认购的股份不得少于公司股份总数的百分之三十五，注册资本为在公司登记机关登记的实收股本总额。法律、行政法规以及国务院对股份有限公司注册资本实缴、注册资本最低限额另有规定的，从其规定。

（3）股份发行、筹办事项符合法律规定。

（4）发起人制订公司章程，采用募集设立方式的，须经创立大会通过。

随堂训练

列举一下你知道的有限责任公司或股份有限公司。

4. 个体工商户和农村承包经营户

《个体工商户条例》第二条规定，有经营能力的公民，依照本条例规定经工商行政管理部门登记，从事工商业经营的，为个体工商户。个体工商户可以个人经营，也可以家庭经营。个体工商户还可以起字号，并以其字号进行活动。

农村承包经营户是指农村集体组织的成员在法律允许范围内按照承包合同规定从事商品经营的家庭或户，《中华人民共和国民法典》明确规定，个体工商户和农村承包经营户的合法权益受到法律保护，他们的债务在个人经营的情况下以个人财产承担，在家庭经营的情况下以家庭财产承担。

作为初次创业的创业者，对各种企业形式可能把握不住要点，如果盲目地选择企业组织形式，可能会对创业造成不可估量的损失，下面将企业的形式特点列于表 6-2。

表 6-2　企业的形式特点

项目	个人独资企业	合伙企业	股份有限公司	有限责任公司	个体工商户
法律依据	个人独资企业法	合伙企业法	公司法	公司法	民法典
法律基础	无章程或协议	合伙协议	公司章程	公司章程	无章程或协议
责任形式	无限责任	无限连带责任	有限责任	有限责任	无限连带责任
投资者	完全民事行为能力的自然人，法律行政法规禁止从事营利性活动的人除外	完全民事行为能力的自然人，法律行政法规禁止从事营利性活动的人除外	无特别要求，法人、自然人均可	无特别要求，法人、自然人均可	自然人，或以个人、家庭为单位，国家机关干部、企事业单位职工除外
注册资本	无限制	协议约定	不得低于 500 万元人民币	不得低于 3 万人民币，有特殊约定的除外	无限制
财产权性质	投资者个人所有	合伙人共同所有	法人财产权	法人财产权	投资者个人所有
出资转让	可继承	一致同意	完全转让	股东过半数同意	可继承
经营主体	投资者及其委托人	合伙人共同经营	股东可以不参与经营	股东可以不参与经营	投资者个人
决策权	投资者个人	全体合伙人或从约定	股东大会	股东会	投资者个人
盈亏分担	投资者个人	约定或平均分配	投资比例	投资比例	投资者个人
解散程序	注销	注销	注销并公告	注销并公告	注销
解散后义务	5 年内承担责任	5 年内承担责任	无	无	无

各种法律组织形式没有绝对的好坏之分，对创业者来说各有利弊，但无论选择哪种形式，都必须根据国家的法律法规要求和新创企业的实际情况，科学衡量各种组织形式的利弊，选择合适的组织形式。不同企业组织形式的优劣见表6-3。

表6-3　不同企业形式的优劣

组织形式	优势	劣势
个人独资企业	● 企业创立手续简便，且费用低 ● 所有者拥有企业控制权 ● 可以迅速对市场变化做出反应 ● 只需交纳个人所得税，无须双重纳税 ● 在技术和经营方面易于保密	● 创业者承担无限责任 ● 企业成功与否过多地依赖创业者个人 ● 筹资困难 ● 企业随着创业者退出而消亡，寿命有限 ● 创业者投资的流动性低
合伙企业	● 创办比较简单、费用低 ● 经营比较灵活 ● 企业拥有多个人的技能和能力 ● 资金来源较广，信用度较高	● 合伙创业人承担无限责任 ● 企业绩效依赖合伙人的能力，企业规模受限 ● 企业往往因关键合伙人死亡或退出而解散 ● 合伙人的投资流动性低，产权转让困难
有限责任公司	● 创业股东只承担有限责任，风险小 ● 公司具有独立寿命，易于存续 ● 可以吸纳多个投资人，促进资本集中 ● 多元化产权结构有利于决策科学化	● 创立的程序比较复杂，创立费用较高 ● 存在双重纳税问题，税收负担较重 ● 不能公开发行股票，筹集资金的规模受限 ● 产权不能充分流动，资产运作受限
股份有限公司	● 创业股东只承担有限责任，风险小 ● 筹资能力强 ● 公司具有独立寿命，易于存续 ● 职业经理人进行管理，管理水平高 ● 产权可以股票形式充分流动	● 创立的程序复杂，创立费用高 ● 存在双重纳税问题，税收负担较重 ● 需要定期报告公司的财务状况，公开自己的财务数据，不便严格保密 ● 政府限制较多，法规的要求比较严格
个体工商户	● 创立手续简便，且费用低 ● 所有者拥有控制权 ● 可以迅速对市场变化做出反应 ● 只需交纳起征点之上的固定税率	● 创业者承担无限责任 ● 企业能否成功过多地依赖创业者个人能力 ● 企业发展会因形式受限 ● 企业随着创业者退出而消亡，寿命有限

二、企业选址的基本流程

在明确了企业的组织形式之后，接下来就要考虑如何选址。企业选址是关系小企业成败的重要因素，好的地理位置可以使一个普通的企业生存下去，糟糕的地理位置可以使一个优秀的企业失败。多数情况下，创业者都是就近寻找空闲的地方作为企业办公地点，这是不科学的。科学的选址方法能使企业位置与企业的整体运营系统有机结合，以便有效经济地达到企业的经营目的。创业者应该拥有做出正确选址决策所需的信息和技能。

（一）影响企业选址的因素

1. 人口因素

创业者应该对可能成为其消费者的人群有所了解。例如人口稳定性怎么样？人口迁入迁出有规律吗？人口数量是上升还是下降？如果某地区人口增长迅速，很可能有较多的年轻家庭。选址时这些问题都要考虑。

2. 经济因素

在决定把一个企业开在哪个社区时，主要考虑社区经济方面的情况。为什么人住在这个社区？他们的生活水平如何？其他企业为什么要设在这里？要对社区做一下行业分析：80%的人集中在同一行业还是少数几个行业？这个地区只有几家企业还是有很多企业？该地区各行业兴旺吗？该区域的企业活动具有季节性特点吗？企业正在搬出或者迁入吗？分析这些情况将会对你的企业产生哪些影响。

3. 竞争因素

收集竞争者的相关信息，对竞争者进行研究。不仅要知道你有多少竞争者，他们都在哪里，还要知道过去两年内有多少跟你业务相似的企业开张和关闭了。对间接竞争者（产品或服务与你近似的企业）的情况也要做些研究。以下三种情况有利于开一家新店：该区域内没有竞争者，竞争者的企业管理很糟，消费者对该产品的需求正在增加。

4. 地理因素

对那些仅能在某些地理范围内销售某种产品和服务的企业来说，地理因素尤为重要。比如，天然滑雪场只能选在经常下雪的地方，船舶维修店必须靠近水域。还有一个重要的地理因素就是劳动力的供应，有时候企业的生产经营场所是由能够找到足够劳动力的地方确定的，如果具备特殊技能的人居住在北京、上海等地，那么企业应开设在这些地方。

5. 个人因素

企业主个人的价值观也是影响选择企业生产经营场所的重要因素之一，企业主希望选址在什么地方?小城镇还是大城市？喜欢靠近亲戚还是远离他们？喜欢暖还是冷的气候？所有这些都会影响创业者的选址决策。

6. 地方性法律和法规

企业的建设和经营，经常会受到国家和地方的法律法规及私人行为的约束，企业应该对它们进行分析，以确定它们对企业的潜在影响。通常，新的小企业主需要得到律师和专业人士的建议和帮助，才能有效地处理这些事务。

案例分享

张明的创业想法很简单，选择的是路边摊。刚开始，张明是想找一个店铺做的，但是考察了几天发现要么就是店铺租金贵，要么就是没有人流。张明经过自己的观察，觉得路边摊不用交租金，出摊时间比较自由，成本也不高，于是张明聪明地选择了手抓饼，理由是没看到卖手抓饼的摊位。

说干就干，张明花了几千块钱，从淘宝上购买了煎饼炉和相关的配料。张明以前没有接触过这些，于是找了一堆教程，自学成才。刚开始，操作不熟练，手抓饼做得不好，有时出摊晚了，连位置也被别人占了，而且中午基本上是没有什么生意的。

摆摊之后，张明才发现，虽然不用交租金，但是要交垃圾费和管理费，每天50元。此外，厦门雨天多，路边摊的生意一遇到下雨天基本上就泡汤了。

折腾了大半年之后，张明可谓身心疲惫，最终狼狈地结束了这次创业。张明说，这次路边摊算是一次尝试，花了几千元钱，虽然没有赚到钱，但是起码让张明对创业认识得更清醒了一些。

💡 思考

张明失败的原因是什么？他应该注意哪些事项？

（二）签订租赁协议注意事项

（1）认真阅读租赁协议及注意事项，特别是有关水、电、物业、空调、暖气等的费用约定。

（2）确认出租人是否为房屋所有人。应查看房屋所有人的房产证、身份证，并到相关部门进行验证。

（3）各项保证金、押金的内容要明确。

（4）要问清楚租赁协议的有效期，以及更换租赁协议的条件。

（5）注意谈妥有关的附加条件，如供暖、供水、供电和供气是否正常，是否可对店面的房顶、地板和墙壁等做基本的装修，是否可以添置或维修水电设施等。

（6）注意确认房屋所有人是否能够开具租赁发票，因为后期各种年检会需要此发票。如果不能提供，需要到税务局代开。

（7）在租赁房屋的时候，应尽可能找房屋的原始所有人签约，因为经过层层转手，无论在租赁费用上还是在以后的续约问题上，都存在较大隐患。

（8）确认房屋的使用性质，因为有些居民住宅不可以注册为公司地址。

（9）建议申请入驻各个城市的创业孵化器，在这里面入驻办公，不但可以将其申请为公司注册地点，而且可以享受租金优惠。

案例分享

李某毕业于某大学，毕业后他没有像其他同学那样去求职，而是与同宿舍的好朋友王某某一起商量去做生意。因为他一直有个梦想，那就是希望自己将来能成为一个成功的大老板。

大学四年间，他们看到大学生这个群体的消费能力，大学周围的一些店面生意都很红火，特别是一些小商品比较畅销，而且经营小商品所需资金应该也不用太多，所以两个人决定一起凑点钱去批发市场批发些小商品回来卖。

他们在学校周边租了一个小门面房，简单装修一下后就开业了。干了不到一个月，工商行政管理机关通知他们必须办理营业执照，因为未经登记擅自开业属于无照经营行为。并依据《无证无照经营查处办法》（国令第 684 号）给予相应的处罚。屋漏偏逢连阴雨，当他们联系房东要房产证复印件时，又发现租给自己房子的并不是真正的房东，而是二房东。

李某和王某某非常懊恼，后悔当初考虑问题不够周全，直到这时才发现自己把创业这件事想得过于简单了。创业不是凭着一股激情就可以的，不仅需要学习很多知识和技能，还需要脚踏实地一步一个脚印地往前走。

两人经过深刻反思，决定与房东协商签订规范的租赁协议，同时准备资料补办营业执照。创业的路还很长，但是两个人对未来还是充满了信心。

💡 启 示

根据《中华人民共和国企业法人登记管理条例》《个体工商户名称登记管理办法》等规定，为保护个体工商户及企业法人合法权益，鼓励、支持和引导个体工商户和企业法人健康发展，规范经营行为，经营者必须要进行工商注册登记。

创业者需要到当地的工商管理部门了解设立公司或者个体工商户所需要准备的资料，选择相应类型的企业形式注册，依法经营，这样的企业名正言顺，并能树立信誉，健康发展。

企业选址是非常重要的一个环节，不仅选择地点很重要，而且在签订租赁协议时还要避免掉入陷阱。

创业者应该有至少 3~5 年的规划，筹措发展资金，并且写出创业计划书，防止思虑不周，造成不必要的损失。

三、企业注册的基本流程

（一）企业核名

企业名称一般由以下四部分组成：企业所在地行政区划名称、字号（商号）、行业（或经营）特点、组织形式，如烟台张裕葡萄酿酒股份有限公司。

企业核名，应先到当地工商管理部门填写《名称（变更）预先核准申请书》，再到相关工商管理网站进行申请，然后等待审核。

（二）提交材料

待预审通过后，准备以下资料或者遵从各地工商管理部门的要求办理。所提交的材料均需按要求签字、盖章。

（1）名称预先核准通知书。

（2）注册地址房屋租赁合同。

（3）注册地址的房产证及房主身份证复印件（单位房产需在房产证复印件及房屋租赁合同上加盖产权单位的公章）。

（4）全体股东及法人的身份证复印件。

（5）公司设立登记申请书。

（6）指定代表或者共同委托代理人的证明。

（7）股东会决议（设立）。

（三）领取证照

带所需资料到工商管理部门领取营业执照。

（四）刻章

拿到营业执照后，需要携带营业执照原件、法定代表人身份证原件，到指定部门进行刻章备案。公司印章包括公章、财务章、合同章、发票章、法人代表人名章。

（五）银行开户

办理银行开户许可证或基本户开户，一般需要提交以下资料。各地如有不同，遵从本地区规定。

（1）企业法人营业执照副本复印件3份，需要核原件。

（2）开户申请登记表，要求盖企业法人公章、财务专用章、法人章。

（3）填写银行开户印鉴卡，要求盖企业法人公章、财务专用章、法人章。

（4）企业法定代表人的身份证原件及复印件。

（5）经办人的身份证原件及复印件。

（6）公章、财务章、法人章。

（六）税务报到

营业执照和印章办理完毕后，要到税务管理部门进行税务报到，按照要求提供相应资料，核定税种后与税务、银行签订三方协议，可以实现电子化缴税。

（七）申请税控机及发票

企业需要申办税控机，参加税控机使用培训，核定申请发票，然后再配备计算机和针式打印机就可以开发票了。

（八）社保开户

公司注册完成后，需到所在区域管辖的社保局开设公司社保账户，提供相应的资料办理社保登记申请，审核通过后可与社保、银行签订三方协议。社保款会自动从银行扣除。

（九）代理记账

企业必须要有专业会计人员根据原始的票据凭证为企业做账和报税。如果公司没有招聘专职会计，可以选择有资质的代理记账机构来处理记账和报税业务。

拓展活动

主　　题：表演创业故事。

目　　标：学习创办企业的经验。

建议时间：30 min。

活动过程：

（1）4～6 人一组，组成表演小组，选取适当道具。

（2）分角色表演下面的故事：

小张因为喜欢汽车，他把目标锁定为与汽车有关的项目，一家属于他自己的汽车饰品店在一番忙碌之后诞生了。但是仅仅半年，他就鸣金收兵，败下阵来。回忆那段创业的日子，小张很是痛苦：付出了很多，回报太少。

其实，创业之前，小张是做了充分准备的。因为喜欢汽车，他就琢磨着在汽车方面找路子。他先到网上搜集了一些关于汽车消费品的创业项目，然后根据实际情况，考虑到随着人们生活水平的提高，买车的人越来越多，开一家汽车饰品店，生意应该不错。

找到创业机会后，小张高高兴兴地开始了第二步工作。他先从网上搜索了一些经营汽车饰品的代理商，并对各家的产品质量和价格进行了比较，然后选定一家太原的代理商。经过联系，他和那家代理商签好了协议，交了 6 000 元的加盟费，就开始租房子、装修、进货，脑子里满是憧憬的小张很快就成了老板。但是现实给小张的热情浇了一盆冷水，开张后，顾客寥寥。尽管他店里的饰品很吸引眼球，无奈饰品店所处的位置比较偏，虽然路过的车不少，但也仅仅是路过，而且大部分是大货车，根本不会在这样一个地段停车，也不会来店里买车内饰品。就这样，开业半年，总共才卖出两三千元的货。这时，房租也到期了，小张不敢再恋战，把剩下的货放到朋友空着的车库里，从此不再提开店的事。

（3）小组讨论：

① 小张为什么会失败？他应该如何做才能避免创业失败？

② 每个小组选出一个代表进行发言。

③ 教师进行点评、总结。

思考与讨论

1. 企业的选址原则有哪些？

2. 企业的主要注册流程有哪些？

筹措创业资金

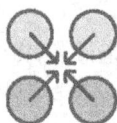

目标要求

知识：了解创业资金的几种来源，掌握不同资金来源的特点。

能力：具备筹措创业基金的基本知识和沟通协调能力。

素质：培养勇于开拓的精神。

热身活动

假如你准备在毕业后开一家创意小店，需要 5 万元创业资金。你准备从哪些渠道筹集所需资金？确定好筹资渠道后，试着去筹集资金，看看能否筹到所需资金。

一、筹集创业资金的渠道

对创业者而言，无论是在创业初期有很好的商业机会和商业模式却没有足够资金的时候，还是在创业平稳期遇突发事件公司现金流中断的时候，都需要创业者有良好的筹资能力，能通过各种手段筹集资金是创业者必备的基本素质。下面介绍筹集资金的主要渠道。

（一）自筹资金

当大学生创业者在起步阶段时，贷款能力有限，大多数创业者所需资金通常会依赖自有资本，依靠个人积蓄或父母的援助，这是一般大学生创业者首选的筹集资金方式。

（二）亲朋借款

大学生创业者在起步阶段，通常借款困难。首先，大学生一直在求学，没有稳定的收入来源；其次，大学生的朋友圈基本都是同学圈，同学的经济实力一般也不强，很难满足创业者的借款需求。所以一般来说，大学生创业者借款的主要对象是亲人、朋友，更多的是依靠创业者自己的个人信用。

课堂训练

谈一谈你的借钱经历。成功的原因是什么？失败的原因是什么？

（三）合伙资金

合伙资金是大学生创业者筹集创业资金的最有效的方法。创业团队成员共同出资，共同承担风险，既解决了创业资金短缺的问题，又解决了创业人才不足的问题，可谓一举两得。所以很多大学生创业者喜欢选择合伙创业的形式筹集创业资金。

（四）政策性扶持资金

国家大力扶持大学生创业，近几年各级政府推出了针对大学生创业的一系列优惠政策，并提供了很多政策性的扶持资金。大学生创业者可以申请国家政策性扶持资金，从而降低筹资额度。

（五）银行贷款

银行贷款是现代企业最常用的一种筹资模式。现代企业的发展离不开银行，大学生创业者从开始创业就要学会跟银行打交道，借助银行的力量创业。银行贷款一般分为抵押贷款、信用贷款、经营贷款等。对学生创业者而言，在创业之初，没有任何抵押物，申请信用贷款难度也非常大，但政府针对大学生创业者提供了低息信用贷款、政府担保贷款等，降低了大学生银行贷款的难度。

银行贷款是需要还的，所以，大学生创业者一定要量力而行，比如明知自己的营收规模只有几十万元，你要申请贷款几百万元，结果一是贷款不一定能申请下来，二是即便申请下来，每月的创业利润用来还利息都不一定够。

课堂训练

说一说你的家人有没有进行过银行贷款，你对此怎么看？

（六）风险投资

风险投资是一种高风险、高回报的投资，也是大学生创业者筹集创业资金的最有效的方式。风险投资是以参股的形式为创业企业投入资金，并获取企业回报的一种投资方式。风险投资不需要归还，如果创业企业经营状况非常好，风险投资者将获得高额回报，但是一旦创业企业经营状况差，风险投资者的投资也可能亏损掉。

（七）参加创业大赛

近几年，国家大力扶植大学生创新创业，各地纷纷出台了各种支持大学生创业的优惠政策，同时一些机构、平台组织了各类创业大赛，各省市地方政府也举办了各类创业大赛，吸引了众多大学生参与。对大学生创业而言，参加大赛一方面可以迅速有效地提升企业的知名度，另一方面也可以获得相应的资金支持和专业指导，能有效促进创业企业发展。

二、不同筹资渠道的特点

对创业者来说，选择合适的创业资金筹集渠道比企业选址更重要，因为它直接关系着企业能否正常运转。表 6-4 比较了不同筹资渠道的优劣。

表 6-4 不同筹资渠道的优劣

资金来源	优势	劣势
自筹资金	无还款压力，无须与他人共享利益	自筹额度有限，难以维持公司持续运营
亲朋借款	可以快速筹集资金，无利息或者低利息，成本较低	须尽早还款或者按时还款，用款时限一般较短，存在资金运转的不确定性
合伙资金	能够分散筹集资金的压力，可快速筹集资金，风险共担	利润按约定或资金占比分成，在决策权方面存在分散性
政策性扶持资金	免息或者低利息地获得政府扶持创业基金，或获得房屋租金减免、税费减免等支持	必须符合享受政府优惠政策的标准，申报手续较复杂
银行贷款	能够快速解决资金问题，用款时间具有确定性	必须有相应的抵押物或者担保，利率较高，有到期必须还款的压力
风险投资	到款速度较快，具有较大的灵活性，筹资来源多	有业绩和利润率不断上涨的压力，有中途撤资的风险
参加创业大赛	可获得创业奖金，创业奖金可作为自有资金使用	具有不确定性

拓展活动 ....

主　　题：模拟公司启动资金预算。

目　　标：了解企业创办资金筹措注意事项。

建议时间：30 min。

活动过程：

（1）说明：教师将学生分组，每组 6~8 人为宜。模拟成立一个公司，以组为单位编制相关资金需求表，包括资金需求和资金来源。

（2）道具：纸笔。

（3）规则：每组在规定时间内完成资金需求表，然后推选一个代表参与评选班级最优方案。

拓展思考：你的体会是什么？你认为哪个地方是难点？

思考与讨论 ....

1. 筹措资金的渠道有哪些？
2. 简述不同筹资渠道的特点。

编制创业计划书

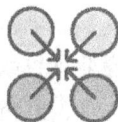

目标要求

知识：了解创业计划书的作用，掌握创业计划书的内容及编写步骤。

能力：能根据自身情况，编制合适的创业计划书。

素质：养成合理规划的习惯。

热身活动

假设你毕业后准备开一家创意小店。为增大创业成功概率，需要做一份创业计划书。请在表 6-5 中填写该创业计划书的核心内容。

表 6-5　创意小店创业计划书的核心内容

类别	内容
产品分析	
行业分析	
竞争分析	
人员及组织结构	
团队管理	
市场预测	
销售策略	
财务管理	
风险控制	

一、创业计划书的作用

创业计划又叫商业计划。创业计划书是创业者就某一项具有市场前景的新产品或服务游说风险投资家、合作伙伴等，以取得风险投资的商业可行性报告。商业计划书反映的是创业者对某种商业项目或商业服务的商业计划理念，以及创业之初的商业管理策略、运作策略、经营策略、营销策略和竞争策略，是指导企业未来一段时间内有效运行的管理工具。

创业计划书应详细地阐述业务的整体创业理念，需要对经济环境、设定目标、所需资源都进行准确概括，因而创业计划书具有以下作用：

（1）编制创业计划书，可以迫使创业者系统思考自己的创意，仔细梳理创业的思路；预想创业过程中可能遇到的困难和风险，据此制定可行性对策。

（2）进一步发现并分析商机，获得利用商机取得成功的最佳途径。

（3）可以更加细致地考虑自己的创业伙伴，努力打造出一支精英团队。

（4）提前规划未来的财务安排、合理利用有限的资金资源等。

案例分享

毕业前最后一学期，小杨同学一场接一场地参加各类招聘会，每一次都是失望而归。虽然求职没有成功，但是在与企业的接触中，小杨同学发现企业也存在招不到合适人才的烦恼。企业仅通过一次招聘会或一次简单的面试就签订用人协议，缺乏对学生的了解，事后发现招聘来的员工并不适合这份工作，为此浪费了大量的人力、物力。于是，他萌发出这样一个想法：办一个不同寻常的求职网站。

小杨同学认为，只要为企业和学生搭建起一个长期稳定的接触平台，只要学生和企业登录注册，双方就可以通过这个平台相互了解，企业甚至可以跟踪学生在校期间的各方面表现，决定毕业时是否录用。

接下来的几个月，小杨同学开始了广泛的市场调研。他登门20多家企业，与人力资源管理部门负责人沟通了这一想法，网站的特色服务内容得到70%企业的肯定。

确立了盈利模式、进行了市场调研之后，小杨同学也顺利得到了父母兄长的资金支持。他满怀信心地注册了公司，没想到有一件事却让他的公司一直处于停滞状态，那就是网站建设的技术团队迟迟不能组建起来。

刚开始小杨同学以为这不是问题，学习计算机的人很多，自己肯定能吸引到这样的人。经过三个月的人才招募，他发现自己的创业计划做得不够完善，想得不够全面，自己把人才团队建设这个事情想得过于简单了。在招募过程中，他发现创业团队需要一些编程经验丰富的人才，但这些人往往不愿意放弃大平台的收益，而经验不足的人又不能支持网站的建设和运营。

经过一番思考，小杨同学暂时放下了自己的创业计划，开始忙于找工作。他说，我将来还会继续完成我的创业梦想，只是我需要给自己一点时间，积累些工作经验，同时认真做好创业计划，把方方面面都规划好，我相信我会用自己独特的创业模式吸引到"牛人"与我一起创业的。

启示

小杨同学创业失败，问题在于他没有意识到创业团队的重要性，学生创业前期需要做好创业团队建设，团队成员之间要能力互补、技术互补、性格互补。

作为一个创业者，首先应该有一份思路清晰的创业计划书，包括合理的创业方案、资金筹集渠道、团队建设及业务开展模式等。这些都需要严格地、客观地、全面地从整体角度进行分析，明确经营理念，以避免因为思虑不周造成不必要的损失。

二、创业计划书的结构

（一）封面

封面是创业计划书的"脸面"，封面设计要有艺术性，最好富有个性，以便给阅读者留下良好的第一印象。封面部分一般应出现以下内容：编号、保密等级、标题、落款、时间。

（二）扉页

扉页部分主要有两部分内容：上半部分提出保密要求；下半部分提供机构的联系方式，例如机构名称、地址、网址、邮编，以及负责人或联系人的姓名、电话、传真等信息，以便于阅读者（潜在投资者、合作者）调查核实，并及时与创业者取得联系。

（三）目录

创业计划书应配上详细目录，便于阅读者迅速把握整体内容，有重点地查找感兴趣的内容。

（四）正文

正文是创业计划书的核心，一般来说，这部分内容应该包括：计划摘要、产品（服务）分析、行业分析、竞争分析、人员及组织结构、团队管理、市场预测、营销策略、制造计划、募资说明、财务管理、风险控制等。

（五）附录

附录可有附件、附图、附表三种形式，根据创业项目的不同各有侧重，一般来说，主要包括以下内容：

（1）公司相关的资质材料，如营业执照复印件、公司章程、产品说明书、产品专利相关材料等。

（2）生产、技术和服务相关的技术资料，如设备清单、工艺流程图、技术方案等。

（3）市场营销相关资料，如主要客户名单、供应商和经销商名单、市场调查和预测资料等。

（4）财务相关资料，如各种财务报表、现金流量预测表、资产负债预测表及利润预测表等。

三、创业计划书的编写

创业计划书并没有固定的模式，但创业者必须对自己的具体情况做出分析，写出真正适合自己企业的创业计划书。一般来说，创业计划书的编写步骤如下：

（1）经验学习阶段。在这个阶段，创业者要广泛学习别人的经验，为自己所用。

（2）创业构思阶段。在学习别人经验的基础上，创业者开始构思自己的创业计划。

（3）市场调研阶段。在这个阶段，创业者要把自己的构思付诸实践，通过市场调研来验证自己的创业计划的合理性。

（4）方案起草阶段。调研市场后，创业者就可以正式落笔写创业计划书了。

（5）修饰完善阶段。提炼出摘要，放在前面；检查错别字；设计封面；编写目录。

（6）检查阶段。可以从以下几个方面加以检查，以做最后的改进：

① 创业计划书是否显示出创业者具有管理公司的经验。

② 创业计划书是否显示出创业者有能力偿还借款。

③ 创业计划书是否显示出创业者已进行过完整的市场分析。

④ 创业计划书是否容易被投资者所领会。

⑤ 创业计划书中是否有计划摘要并放在了最前面，计划摘要是否写得引人入胜。

⑥ 创业计划书在文法上是否全部正确。

⑦ 创业计划书能否打消投资者对产品（服务）的疑虑。

确认不需要再修改后，进行打印并装订成册。一般来说，创业计划书大多是 Word 文档，以文字阐述为主。这类文件的优点是内容完整，结构严谨，能较好地反映公司的全貌；缺点是往往篇幅较长，阅读起来费时费力，投资者难以把握重点。

创业计划书也可以用幻灯片格式，也就是说，以幻灯片的形式来表现创业计划书。这种形式的优点是生动活泼，重点突出，易于理解；缺点是不够严谨和完整，难以全面细致地反映公司全貌。

所以，如果需要，或者有可能，尽量两种格式的创业计划书都准备一份，这样既能满足不同投资者的需求，又可以在形式上起到互补的作用。

创业计划书的篇幅可长可短，主要取决于创业内容。如果所创立的企业属于一个全新的行业，那么创业计划书篇幅一般会比较长；如果所成立的企业已经有很多成熟的案例，篇幅相对就可以短一些。

拓展活动

主　　题：创业失败案例分析。

目　　标：了解创业计划书的重要性。

建议时间：30 min。

活动过程：

（1）分享案例：

小李一门心思想做老板。经过几年的努力工作和省吃俭用，积蓄了一笔资金。她认为，个人创业必须有丰富的工作经验才行，所以在过去的工作中，她总是分内分外的事全都抢着干，从不计报酬。尤其是经营方面的事，她更是竖着耳朵听，目的就是多学点本事，为自己开公司做准备。

创业时，她选择了一个当时的朝阳项目——房地产租赁咨询。在办齐所有手续后，门店终于开张了，她勤勤恳恳地努力工作，但她怎么也没想到，最初的 3 个月几乎没有生意，直到第 6 个月才稍有收入，可生意很不稳定，半年来，她赔了数万元。她不想再这样干下去了，于是第 7 个月她关掉了公司。

导致小李失败的原因很复杂，一条重要原因是她没有一个完整的创业计划，更别提完善的创业计划书了。

（2）各小组讨论小李应该如何做创业计划。

思考与讨论

1. 编制创业计划书有什么意义？

2. 创业计划书的编写步骤有哪些？

3. 为"拓展活动"中的小李写一份创业计划书。

参考文献

[1] 陈捷. 大学生职业发展与就业指导[M]. 北京：清华大学出版社，2012.

[2] 黄连生，陶传蔚. 创新创业与就业指导[M]. 北京：外语教学与研究出版社，2018.

[3] 李保城，刘效强. 大学生职业发展与就业指导[M]. 济南：山东人民出版社，2014.

[4] 谢菊平. 知职志远 扬帆起航：大学生就业指导[M]. 北京：航空工业出版社，2020.

[5] 王玉斌，王云涛，朱立峰. 大学生职业发展与就业指导[M]. 郑州：郑州大学出版社，
2018.